화분 하나로
미니 정원 만들기

**화분 하나로 미니 정원 만들기**

지은이 곽재경
펴낸이 안용백
펴낸곳 (주)도서출판 넥서스

초판 1쇄 발행 2006년 3월 25일
초판 4쇄 발행 2009년 3월 5일
2판 1쇄 발행 2010년 3월 25일
2판 2쇄 발행 2010년 3월 30일

출판신고 1992년 4월 3일 제311-2002-2호
121-840 서울시 마포구 서교동 394-2
Tel (02)330-5500 Fax (02)330-5555

ISBN 978-89-6000-806-9 13590

저자와 출판사의 허락 없이 내용의 일부를
인용하거나 발췌하는 것을 금합니다.
저자와의 협의에 따라서 인지는 붙이지 않습니다.

가격은 뒤표지에 있습니다.
잘못 만들어진 책은 구입처에서 바꾸어 드립니다.

*본 책은 『화분 하나로 만드는 우리집 미니 정원』의 개정판입니다.

www.nexusbook.com
넥서스BOOKS는 (주)도서출판 넥서스의 실용 브랜드입니다.

쉽고 간편하게 나만의 정원을 만든다!

# 화분 하나로 미니정원 만들기

곽재경 지음

넥서스BOOKS

# 자연이 숨 쉬는 우리집 만들기

아침마다 저는 항상 창문을 활짝 열곤 합니다. 우리집 뒷산의 공기를 만나고 싶어서입니다. 푸짐한 아침 밥상보다 그 푸르름이 저는 더 좋습니다. 사실 시골에서 태어나 논두렁에서 뒹굴며 자란 저에게는 도시 생활이 항상 탁하고 답답합니다. 어쩌면 그런 이유 때문에 지금의 직업을 선택하게 된 건지도 모릅니다.

자연과 함께 하는 것을 당연하게 생각해온 까닭에 언제부턴가 사람들 입에 오르내리기 시작한 '그린 인테리어'라는 말이 낯설게 다가옵니다. 예전에는 풀 한 포기, 꽃 한 송이라도 집안에 두고 아침마다 물을 주던 풍경을 자주 볼 수 있었는데 이제는 그것을 특별한 일인 것처럼 이야기하는 걸 보니, 그동안 우리의 삶이 얼마나 많이 변했는지 반추하게 되더군요.

식물을 심고 보살피는 일은 사실 어려운 일이 아닙니다. 식물 하나하나 물을 주고 햇빛을 쬐는 양은 다를 테지만 기본 원칙을 알고 개별적인 식물에 관한 정보만 조금 더 보탠다면 누구라도 잘 키울 수 있습니다. 대규모 공사까지 하며 요즘 유행하는 베란다 정원을 만들 필요도 없습니다. 작은 화분 하나를 놓고 키워도 조금만 신경을 쓰면 건강에도 좋고, 보는 즐거움과 쑥쑥 키우는 재미를 동시에 얻을 수 있으니까요.

이를 위해 이 책에서는 다양한 미니 정원 만드는 법과 각각에 해당되는 식물 키우기 방법을 자세하게 소개하고 있습니다. 나무 상자나 다소 큰 스틸 상자를 이용해 여러 가지 식물을 가꿀 수도 있고, 여러 개의 화분을 한 자리에 예쁘게 모아 자신만의 정원을 만들 수도 있습니다. 때로는 화분 한 개, 꽃병 하나도 주위의 공간과 잘 매치시킬 수 있는 방법을 소개하여 자신에게 딱 맞는 미니 정원을 만들 수 있도록 했습니다. 가장 중요한 것은 '집'이라는 공간 속에서 실내식물을 어떻게 놓고 키우면 좋을지 그 답을 제시하고자 했다는 점입니다. 마지막에는 허브와 관엽식물, 꽃과 관련된 다양한 정보를 모아 처음 식물을 키우는 분들에게 도움이 되고자 했습니다.

　반년에 걸친 작업을 끝내고 막상 마무리를 지으려고 보니 '이 다음엔 더 잘해야지' 하는 아쉬움이 남습니다. 하지만 힘들었던 만큼 보물 같은 책이 만들어져 행복하고 지금까지의 시간이 더욱 소중하게 느껴집니다. 작게나마 원예와 화훼에 관심 있는 분들에게 도움이 됐으면 좋겠고, 베란다 한켠에 언제나 놓여 있는 그런 책이 됐으면 하는 마음입니다. 궁금하고 심심할 때 습관처럼 뒤적거리는 소박한 한 권의 책이 되면 그것이야말로 제가 바라던 일입니다.

　항상 바쁘다고 찡찡거리는 제 스케줄에 시간을 맞춰준 편집부와 너무나 예쁘게 사진을 찍어준 사진작가 김덕창 실장에게 고맙다는 말을 하고 싶습니다. 좋은 배경사진을 찍으라고 사무실과 스튜디오를 통째로 내준 씨에스타 이정화 선생님께는 더할 나위 없이 감사를 드리고 싶네요. 몇 번의 사진 촬영과 원고 집필에 커다란 도움을 준 우리 빌리디안 식구들에게도 마찬가지입니다. 이 책을 읽는 독자 여러분께도 감사를 드리며 알차게 활용해서 자연의 푸르름이 넘치는 아름다운 공간을 만드시길 바랍니다.

곽재경

# Contents

여는글 _ 자연이 숨쉬는 우리집 만들기 004

*Introduction* 미리 알고 시작하자 008

## Part 1 싱그러운 풀내음 가득한 나만의 정원 만들기

주방 싱크대 위 워터 정원 022
예쁘게 키우고 맛있게 먹는 새싹채소 024
식물이 있는 미니 미술관 026
주방 허브 나라 028
이름표가 달린 베란다 허브 정원 030
숯을 이용한 초화 정원 032
재활용 용기 속 허브 034
양철통으로 만든 정크 스타일 정원 036
알프스 창가가 떠오르는 유리병 정원 038
침실 옆 유리병 정원 040

## Part 2 화분 한 개로 바꾸는 센스 만점 집꾸밈

벽난로 앞 크로톤 044
햇볕 가득한 창가, 벤자민 한 그루 046
장식장 앞 떡갈나무잎 고무나무 048
테이블 위에 놓기 좋은 스파티필름 050
플라워 프린트와 조화를 이루는 듀란타 052
예쁜 음이온 생성기, 필로덴드론 054
관엽 잎새를 활용한 데코 아이디어 056

## Part 3 스타일이 살아나는 모스와 선인장 꾸밈

세상에 하나뿐인 동양풍 미니 정원 060
기와를 이용한 난초 정원 062
녹차 한 잔이 떠오르는 모스 정원 064
선인장 아홉 개로 꾸민 테이블 066
커피 홀더로 만드는 1분 깜짝 정원 068
아기자기한 책장 속 선인장 070
이국적인 선인장 모듬 정원 072
모스를 잘라 만든 토피어리 정원 074
투박함을 살린 멕시칸 선인장 정원 076
모던한 스틸 상자 속 미니 선인장 078

## Part 4 화려한 색채와 향기, 꽃으로 만든 정원

허브로 만든 꽃바구니 082
나만의 토피어리, 꽃을 묶은 테이블 정원 084
받고 싶은 꽃다발, 주고 싶은 꽃다발 086
불빛이 반짝이는 로맨틱 캔들 정원 088
조개껍질을 담은 플라워 정원 090
녹색 향이 싱그러운 잎새란 정원 092
화이트 플라워 상차림 094
노란 꽃이 향긋한 포인트 상차림 96
사랑을 담은 플라워 바구니 98
맑고 투명한 워터 꽃잎 정원 100

부록 _ 집에서 식물 키우기 102

# *Introduction*

## 미리 알고 시작하자 | 개별적인 식물의 특성이나 자라는

환경에 따라 식물을 키우는 방법은 각기 다르게 마련이다. 그러나 집에서 식물을 건강하게 키우고, 오랫동안 즐기려면 기본적인 원칙부터 알아야 한다. 상황에 따라 적절히 활용할 수 있는 팁을 통해 더욱 싱싱하게 식물을 키우자.

가지 치는 가위  작업용 코팅 장갑

난삽  흙삽  갈퀴

**실내원예를 할 때 필요한 기본 도구** | 식물을 다룰 때 항상 잊지 말아야 할 것이 바로 가위와 장갑이다. 식물을 옮겨 심거나 플랜터를 만든다면 흙삽과 갈퀴도 빼놓을 수 없다.

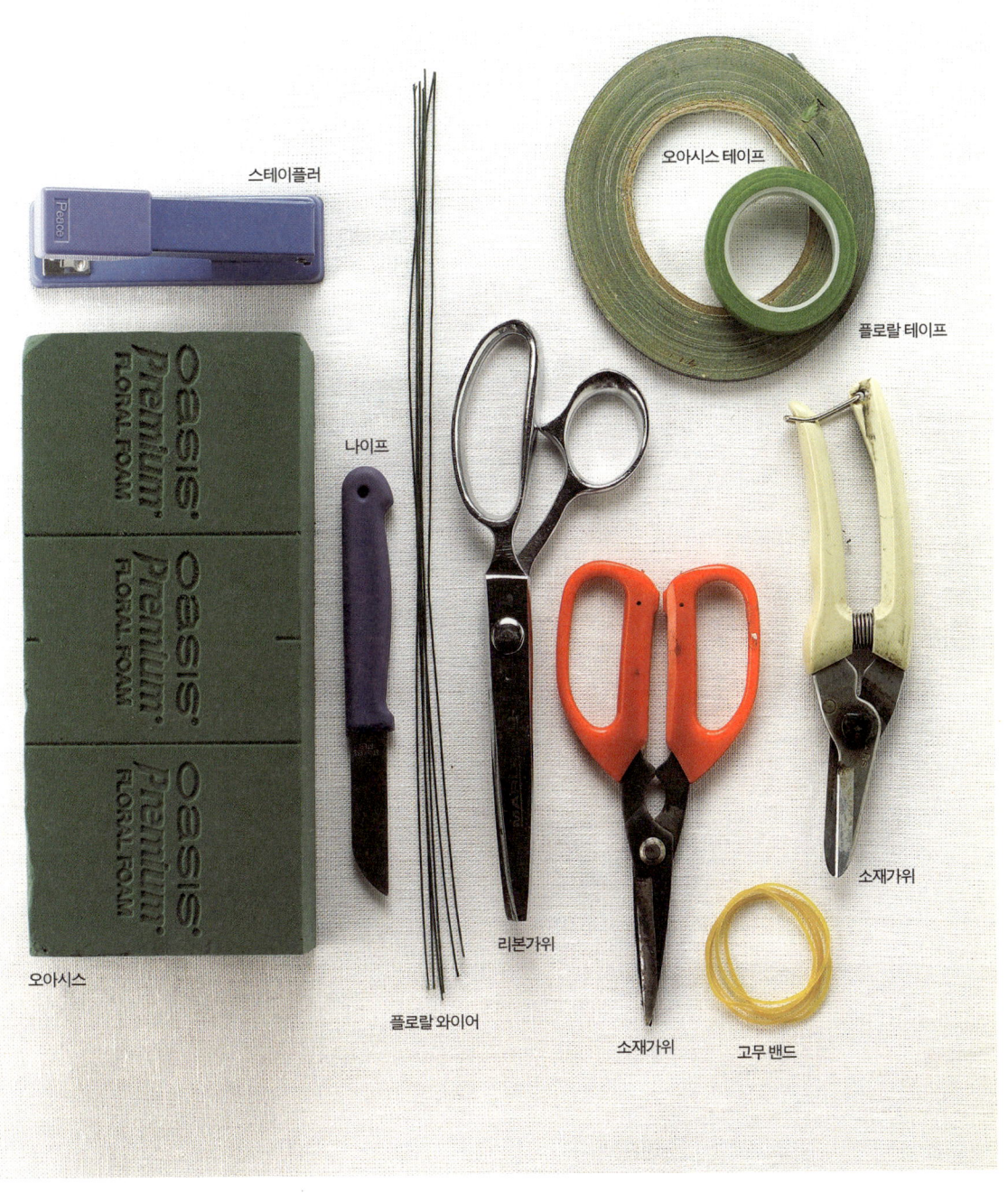

꽃 작업에 필요한 기본 도구 | 뿌리가 없는 식물을 다룰 때는 오아시스를 꼭 준비하자. 원예용 와이어와 테이프도 한 번 구입해두면 쏠쏠히 사용할 수 있는 아이템이다.

왁스포장지
영문포장지
한지포장지
습자지포장지

### 포장지
작은 화분이나 꽃다발을 포장할 수 있는 각종 포장지는 질감과 색깔을 고려하여 알맞은 종류를 준비해두자. 시트지나 특이한 질감의 종이가 있다면 이를 활용하는 것도 좋다. 프린트가 예쁜 냅킨이나 스카프도 이용할 수 있다.

# 리본
마 또는 면, 실크 공단, 쉬폰으로 된 각종 리본뿐만 아니라 노끈이나 종이테이프까지, 묶을 수 있는 거라면 어떤 것이든 좋다. 색깔, 질감, 사이즈별로 준비해 놓으면 다양하게 활용할 수 있다.

**냅킨** | 냅킨이나 식탁 매트 등의 패브릭류를 컬러별, 크기별로 준비해보자. 화분 주위의 공간을 꾸미거나 테이블 세팅을 할 때 최고의 효과를 얻을 수 있다.

## 화분과 바구니

△ 스테인리스, 테라코타, 나무, 돌 등 여러 가지 재질로 만든 화분들이 다양한 디자인과 크기로 시중에 나와 있다. 식물의 종류와 인테리어 스타일에 따라 알맞은 분을 선택할 수 있으며, 때로는 빈 병이나 컵 등의 생활 소품도 얼마든지 멋진 화분이 될 수 있다. ▽ 여러 가지 미니 화분들을 한군데 모아 장식하기에 알맞으며, 벽에 걸어 덩굴이 있는 식물을 키우기에도 좋다. 꽃바구니를 만들 때에는 바구니 자체가 포장 소재로 사용될 수 있어서 더욱 알차다.

배양토     상토(배수구가 없는 분에 사용 가능)

바크     수태

자연 이끼     청태

**흙** 시중에서 식물이 잘 자랄 수 있도록 여러 종류의 흙이 배합된 배양토를 구할 수 있으며, 물 빠지는 구멍이 없는 분에 사용할 수 있는 상토도 구입할 수 있다. 나무껍질인 바크는 물 빠짐이 좋게 만들고 서양란이나 착생식물을 키울 때 활용하는 아이템이다. 각종 이끼는 장식용이나 토피어리에 사용될 수 있으며, 바크와 마찬가지로 착생식물을 키우는데 활용될 수 있다. 꽃가게나 화훼 전문점, 인터넷 등에서 쉽게 구할 수 있으므로 참고하도록 하자.

**돌** 크기가 큰 돌은 물 빠짐이 좋게 하기 위하여 화분 바닥에 흔히 쓰이고, 관엽 식물 등 크기가 큰 식물의 분에 장식용으로 사용할 수 있다. 작은 돌은 분의 장식용이나 수경재배의 데코 아이템으로 이용할 수 있다. 꽃가게나 화훼 전문점에서도 다양한 색상과 크기의 돌을 쉽게 구할 수 있다.

# 싱싱하게 식물 키우는 기본 요령

식물을 좀더 싱싱하게 키우는 데에도 요령이 필요하다. 무턱대로 햇빛을 많이 쪼이거나 물을 많이 준다고 해서 식물에 좋은 것이 아니다. 식물마다 자라는 환경이 다르기 때문에 각각의 특성에 맞춰 적절하게 길러야 한다. 이를 통해 더 오랫동안 싱싱한 식물을 키울 수 있을 것이다.

## 1 처음부터 건강한 식물을 고른다

요즘은 가까운 농장이나 꽃집, 그리고 인터넷을 통해서 다양한 종류의 식물을 쉽게 구입할 수 있다. 그러나 건강한 식물을 구입하지 않으면 오고가는 시간 동안 벌써 시들해지기 십상이다. 따라서 싱싱한 식물을 골라 구입하고, 인터넷으로 구입할 때는 각별히 주의하도록 하자.

허브와 화초, 관엽 등의 모든 식물은 잎과 줄기의 상태로 이상 여부를 체크할 수 있다. 줄기가 두껍고 튼튼하면서, 마디와 마디 사이가 짧은 것이 건강한 상태다. 또한 잎의 색이 진하고 윤기가 흐르며 잎이 많이 달려 있는 식물을 고르자. 식물의 생장점과 잎의 뒷면은 벌레들이 좋아하는 장소다. 따라서 잎을 들춰서 잎의 뒷면에 벌레 먹은 자국이 없는지도 확인하는 것이 좋다.

뿌리가 있는 상태의 식물이라면, 뿌리가 튼튼하게 자리 잡혀 있는지 확인해봐야 한다. 줄기를 잡고 살짝 들어 올렸을 때 들리는 느낌이 들면 뿌리가 완전히 자리 잡지 않아 식물이 약해진 상태일 수 있으므로 미리 확인하도록 하자.

## 2 식물 구입 후, 이것만은 꼭 해주자

화원이나 꽃집에서 식물을 구입했다면, 흙의 영양 상태가 좋지 않을 때를 대비해 상태를 먼저 파악하고 분갈이를 해주는 게 좋다. 게다가 허브나 초화 같은 식물들이 일반 화분이 아닌 검은색 비닐 화분(포트)에 들어 있는 채 판매되고 있으므로, 예쁜 화분에 옮겨 심고 싶은 것은 당연한 일일 것이다. 그러나 식물도 장소를 옮기면 성장 환경에 따라 몸살을 앓기 쉬우므로 1주일 정도는 환경에 익숙해질 시간을 주는 게 좋다.

분갈이를 할 때 가장 먼저 신경 쓸 것은 흙과 물 빠짐이다. 식물 뿌리가 수분에 계속 노출되어 있으면, 뿌리가 썩어버린다. 따라서 물이 잘 빠지도록 화분 제일 아래 자갈이나 입자가 굵은 흙인 '마사토'를 깔아, 이른바 '배수층'을 만들어준다. 그 다음에는 부엽토나 모래, 흙 등을 알맞은 비율로 섞은 '배양토'를 깔아주는데, 배양토는 시중에서 무게 당 4천 원~1만 원 정도면 쉽게 구할 수 있다. 단, 식물에 따라 특정한 흙의 성분을 더 필요로 하는 경우가 있으므로, 이럴 때는 식물의 종류에 따라 조금씩 다른 흙을 첨가하면 된다. 예를 들어 허브는 물 빠짐에 민감하므로 일반적으로 구할 수 있는 배양토보다 더 많은 마사토가 필요하다. 물론 이때 섞는 모래나 부엽토 등도 시중에서 다 구입할 수 있고, 어떤 식물에 사용할지를 설명하면 꽃가게나 화훼전문매장에서 알맞은 상태의 흙을 구입할 수 있으므로 참고하자. 절화의 경우에는 가위로 줄기를 사선으로 자르고 물에 닿는 부위의 잎을 다 잘라내어 다듬어야 한다. 물에 잎이 닿으면 물이 오염되어 식물이 썩기 쉬우므로, 얼마나 깨끗하게 잘 다듬는지에 따라 꽃의 수명이 달라진다.

## 3 물주기의 원칙은 따로 있다

기본적인 물주기 원칙은 '겉흙이 말랐을 때 화분 밑의 배수 구멍으로 물이 흘러나올 만큼 충분히 많이 주는 것'이다. 선인장이나 수생 식물이 아닌 이상 대부분의 식물들은 이 원칙에 따라 물을 주면 된다. 그러나 식물의 종류에 따라 물을 더 좋아하는 식물이 있고, 건조한 상태를 좋아하는 식물이 있는 데다가, 놓여 있는 환경에 따라 온도, 습도, 통풍 정도가 모두 다르기 때문에 세심하게 관찰을 해서 물을 줄 필요가 있다.
한 가지 주의할 점은 습기를 좋아한다는 것이 물을 자주 주라는 의미가 아니라는 것이다. 습기를 좋아한다는 것은 주위 습도가 높은 것을 좋아한다는 의미이므로, 식물 주위에 분무기로 물을 자주 뿌려서 습도를 높여주도록 한다.
가장 적당하고 보편적인 방법은 식물의 종류에 연연하지 않고 흙 안에 손가락을 3cm 정도 넣어봐서 흙이 말라 있다고 생각이 들 때 물을 주는 것이다. 과학적으로 증명됐다고 말할 수는 없지만 경험에 의해 나온 적절한 방법이다.

# Part 1
## 싱그러운 풀내음 가득한 나만의 정원 만들기

주방 창가에 두면 바람이 솔솔 불 때마다 은은한 향기를 전해줄 허브 정원, 거실 테이블이나 침실 창가에 두고 투명한 물빛을 함께 즐기는 유리병 정원, 식물과 사람 모두 건강해지는 숯으로 만든 정원 등 이 장에서는 손쉽게 만들고 가꿀 수 있는 각양각색의 정원을 소개한다. 화사한 미니 정원을 만들어 햇빛 잘 드는 창가나 테이블에 두면 온 집안이 환하게 빛날 것이다.

# 주방 싱크대 위 워터 정원

물에서 키울 수 있는 식물을 응용하여 심심한 주방을 마냥 머무르고 싶은 공간으로 만들어보자. 봄이 되면, 흔히 봄맞이 대청소를 하거나 얇은 커튼을 새로 달아 분위기를 바꾸곤 하는데, 이럴 때 신선한 초록빛으로 기분 전환을 시도해보면 어떨까. 수분을 좋아하는 식물들을 주방에 두고 키우면, 습도가 높은 주방을 상쾌하게 바꾸는 일석이조의 효과도 거둘 수 있다.

*Recipe*

아마란스, 호접란, 파키라, 싱고니움, 화병, 조약돌(크기별로 흰색과 검은색)

*Information*

아마란스나 호접란, 파키라 등의 식물들은 수분을 좋아하기 때문에 수경재배, 즉 흙이 아닌 물속에 뿌리를 내리게 해서 재배할 수 있다. 그 외 보통 수경재배를 위한 식물로는 구근식물이 많이 이용되며 히아신스, 튤립, 수선화 같은 것들이 여기에 해당된다.

그러나 수경재배가 가능하다고 해서 물에 한 번 담가주는 것으로 끝내면 안 된다. 10일에 한 번 정도씩 물을 갈아줘야 하고, 잎이 노래지거나 시들면 시중에서 파는 수경재배용 액체 비료를 한 방울씩 넣어준다. 또한 투명한 유리병을 이용할 경우 물이 줄어드는 것이 보이므로 뿌리가 충분히 물속에 잠겨 있는지 확인해서 물이 부족하지 않도록 신경 써야 한다. 반드시 물속에서만 자라는 연꽃, 수련, 워터레퍼스 같은 수생 식물들도 여름철 수경재배를 하기에 적당하다.

*How to*

1. 먼저 미리 준비한 식물을 다듬어야 한다. 포트에 들어 있는 뿌리를 꺼내 흙을 살살 털고, 물에 깨끗하게 씻어 흙을 없앤다.

2. 물속에서 식물을 키울 때에는 식물의 높이와 크기에 따라서 화기의 크기와 높이도 다양해진다. 잎이 낮고 넓은 식물은 넓고 낮은 화병에 넣고, 키가 크면서 잎의 넓이가 좁은 식물은 좁고 긴 화병에 넣는 게 좋다.

3. 쓰지 않는 유리그릇이나 병이 있다면 알맞은 크기의 식물을 넣고, 크기가 다른 조약돌을 적당히 담아보자.

*Tip* 수경재배는 겨울철보다는 봄부터 여름까지가 적절하다. 깔끔하고 시원해 보이기 때문에 기분이 상쾌해지는 효과를 거둘 수 있기 때문이다. 수분을 좋아하는 식물들이므로 주방뿐만이 아니라 욕실 같은 공간에서 키우기도 좋으며, 타일로 장식한 공간에서는 더욱 효과적이다.

# 예쁘게 키우고 맛있게 먹는 새싹채소

요즘에는 새싹채소를 키우는 것이 일반화되었다. 재배 기간이 짧은 만큼 농약의 위험이 적고, 일반 채소보다 비타민과 무기질이 훨씬 풍부하기 때문이다. 관상용으로도 깜찍하고 한 올 한 올 자라나는 모습을 보기만해도 뿌듯해진다. 무엇보다 손수 기른 채소로 만든 맛난 음식도 빼놓을 수 없는 묘미다. 드레싱을 살짝 얹은 샐러드나 새싹비빔밥은 사계절 내내 봄 향기 물씬 나는 식탁을 만들어준다.

### Recipe

무순 씨앗, 거즈, 천이나 신문지, 밑이 평평한 그릇

### Information

새싹채소를 키우는 집이 늘면서 요즘은 공간이 분리된 전용 재배용기를 쉽게 구할 수 있다. 이 경우에는 싹이 돋기 전까지 동일하게 키우다가 싹이 돋고 뿌리가 나면, 뿌리에 살짝 닿도록 물을 채우고 이틀에 한두 번 정도 물을 갈아주면 된다. 씨앗을 뿌리기 전에, 씨앗 크기가 클수록 더 오래 물에 불려 싹이 나기 쉽도록 한다.

새싹채소의 대표주자인 무순은 소화 작용을 원활하게 해주기 때문에 육류와 함께 섭취하면 좋다. 또한 비타민이 풍부해 환절기 감기 예방에도 효과적이다. 그 외에도 집에서 많이 기르는 새싹채소들이 각기 뛰어난 효능을 지니고 있다. 알팔파는 콜레스테롤을 감소시켜 성인병 예방에 탁월하고, 브로콜리와 양배추싹은 항암 작용에 좋다. 크레스싹과 순무싹은 간의 건강을 돕는 등 그 효과가 다양하므로 식이요법이 필요한 가족들에게 딱 맞는 웰빙 새싹채소를 골라 기르자.

### How to

1 무순 씨앗을 4시간 정도 물에 불린 다음, 밑이 평평한 그릇 위에 젖은 거즈를 깔고 불린 무순 씨앗을 골고루 펴서 뿌린다.

2 씨앗을 뿌린 다음에는 천이나 신문지로 덮어서 햇볕을 받지 않도록 하고, 거즈가 마르지 않도록 하루 6~7회 정도 분무기로 물을 뿌린다.

3 1~3일 정도가 지나 싹이 나면, 신문지나 천을 거두고 햇볕을 충분히 쬐인다. 이때 하루 두세 번 정도 분무기로 물을 뿌리면서 거즈가 마르지 않도록 주의한다.

4 여름에는 5~6일, 겨울에는 6~7일 정도가 지나 무순이 자라면 싹을 잘라 먹을 수 있다.

### Tip

가족 수가 많지 않다면 한 번 먹을 양만큼만 작은 그릇에 담아 키우는 게 좋다. 따라서 색깔별 예쁜 그릇을 여러 개 꺼내 주방 창가에 나란히 놓고 기르거나 테이블 중앙에 모아두고 기르는 것도 효과적이다.

# 식물이 있는 미니 미술관

우리집 한편에 꾸민 작은 미술관, 그것만으로도 좋지만 식물이 있으면 한결 부드러워진다. 굳이 거창하게 비싼 그림을 걸어두지 않아도 잡지에서 오려낸 멋있는 사진이나 예쁜 무늬의 패브릭만 있으면, 나만의 스타일로 새롭게 꾸민 이색 미술관이 완성된다. 이곳에 부드러운 곡선이 조화를 이루는 아이비를 매치시키면 온 가족의 편안한 쉼터가 될 것이다.

### Recipe
아이비, 토분, 창포

### Information
아이비(Ivy) 또는 헤데라(Hedera)라고 하는 이 식물은 화분에 심어 관상하는 덩굴성 식물 중 하나다. 공기뿌리가 있어서 땅을 기거나 다른 물체에 붙어서 기어오르기 때문에, 일반적으로 줄기를 잘라 실내 장식으로 쓰거나 공중에 매달아 키운다. 온도와 장소에 따라 차이는 있지만, 난방이 되는 아파트 실내에서는 2~3일에 한 번, 난방을 하지 않는 공간이나 장마철에는 주 1회 정도 물을 주는 것이 적당하다. 아이비는 종류도 다양하다. 캘리포니아 팬아이비, 골드베이비 아이비(Hedera 'Gold Babby'), 골드더스트 아이비, 카에실리아 아이비, 플루피러플스 아이비, 알제리 아이비, 무늬알제리 아이비 등이 대표적이며, 요즘에는 잉글리쉬 아이비나 하트 아이비를 많이 키운다.

아이비는 덩굴이 자라기 때문에 자랄수록 잎이 밑으로 흐른다. 따라서 높이가 있는 분을 고르거나 벽걸이형 화분에 두고 키워도 예쁘다. 세련된 느낌을 원한다면 스테인리스 질감의 사각 벽걸이 화분을, 따뜻하고 소박한 느낌을 원한다면 짙은 우드색 바구니형 화분을 활용하자.

### How to
1. 포트째 아이비를 구입했거나 집에서 원래 키우던 아이비가 있다면, 마음에 드는 예쁜 토분을 찾아 준비한다.

2. 바구니에 키우려면 바구니에 비닐을 두르고, 바닥에 자갈이나 마사토를 충분히 깐다. 그 위에 배양토를 깐 다음, 아이비를 뿌리째 옮겨 심는다. 배수 구멍이 있는 일반 화분에는 배양토를 충분히 깔고 아이비를 옮겨심기만 하면 된다.

### Tip
아이비는 덩굴 줄기를 잘라 장식용으로 활용하기 좋다. 작은 유리병에 물을 담아 아이비 줄기를 꽂아두기만 해도 멋진 테이블세팅이 가능하다. 덩굴을 살리고 싶다면 선이 예쁜 장식용 캔들 홀더 등을 뒤에 두고, 아이비 줄기가 얽히도록 해보자.

# 주방 허브 나라

우리집 주방에 세상에 단 하나뿐인 허브 정원을 꾸며보자. 향을 음미하며 요리를 하고, 한 잎씩 따서 그 향을 음식에 담아보자. 꼭 파스타나 스파게티 같은 이탈리아 요리가 아니더라도 고기를 잴 때나 쿠키를 구울 때 조금씩 넣어주면 향긋한 자연을 마음껏 누릴 수 있다. 때로는 일상에서 지친 마음을 허브 잎 하나에 띄워 즉석에서 허브티를 마셔보면 어떨까.

### Recipe

타임, 라벤더, 로즈마리, 헬리오트로프(heliotrope, 식용이 아님) 등의 허브, 마사토나 자갈, 나무 상자(약 50×30cm), 배양토

### Information

허브는 햇빛이 잘 들고 통풍이 잘 되는 환경에서 잘 자라므로 바람이 잘 부는 창가나 베란다에서 키우는 게 적절하다. 보통 허브를 처음 구입하면 허브가 건강하게 잘 자랄 수 있도록 분갈이를 해주는 게 좋은데, 허브를 한 곳에 모아 키울 때는 여러 모로 관리가 필요하다. 가장 문제가 되는 것은 역시 물 주기다. 겉흙이 말랐을 때 충분히 물을 주는 것이 원칙이지만, 허브에는 잎에 수분이 닿아도 되는 것과 그렇지 않은 것이 있으므로 구입 시 자세한 설명을 듣고, 성분이 같은 것끼리 심어야 관리하기에 수월하다.

### How to

1. 네모난 나무 박스를 구해서 준비한다.
2. 우선 바닥 부분에 몇 개의 구멍을 내어 배수구를 만든다.
3. 자갈이나 마사토를 깔아 물 빠짐이 원활하도록 해주고, 준비한 배양토를 바닥에 골고루 펴서 깐다.
4. 종류별로 그룹을 지어 허브를 포트에서 꺼낸 다음, 흙이 붙어 있는 뿌리째 꺼내어 나무 상자 안에 넣어준다.
5. 각각의 허브를 다 넣은 다음, 준비한 배양토로 빈 공간을 채워준다. 이때 허브가 충분히 자랄 수 있도록 처음에는 다소 공간을 비우고 채우는 게 좋다.

### Tip

나무를 이용해 상자를 만들 수도 있고, 나무로 된 과일 상자나 정크 스타일의 나무틀을 시중에서 구할 수도 있다. 거친 느낌의 화이트로 페인팅을 해서 분위기를 바꾸는 것도 좋다. 햇빛과 바람이 같이 드는 쪽에 살포시 놓아보자.

# 이름표가 달린 베란다 허브 정원

식물도 다정하게 이름을 불러주면 더 잘 자란다고 한다. 한 곳에 모은 허브 컨테이너 정원이 조금 부담스럽다면 여러 개의 작은 화분을 상자에 담아 이름표를 붙여보자. 보기에 그럴듯한 정원을 연출할 수 있고, 하나하나 예쁘게 키워 주위 사람들에게 선물하기에도 좋다. 거창하게 베란다를 개조하지 않아도 누구나 나만의 미니 정원을 만들 수 있다.

### Recipe

민트, 로즈마리, 잉글리쉬 라벤더 등의 허브, 나무 상자, 검정 도화지, 화이트펜, 마사토나 자갈, 배양토

### Information

물을 줄 때 하나하나 꺼내야 하지만 자칫 잘못 심으면 낭패를 볼 수 있어 식물 키우기 경험이 없는 사람들에게 특히 추천할 만하다. 허브는 생장 속도가 빠른 편이므로 처음 화분을 고를 때는 조금 큰 것을 고르고, 뿌리가 다치지 않도록 물을 흠뻑 준 뒤 포트에서 꺼내도록 하자. 수확을 할 때는 허브의 어떤 부위를 활용할 것인지에 따라 방법이 다르다. 라벤더나 카모마일같이 꽃을 쓰는 허브는 꽃만 따서 쓰면 재수확이 가능하다. 바질이나 로즈마리, 타임같이 줄기와 잎을 활용하는 경우에는 흙에서 조금 떨어진 줄기를 자르거나 아래쪽에 잎을 몇 장 남겨두면 재수확이 가능하다.

### How to

1. 배수구가 있는 예쁜 화분을 여러 개 준비한 뒤, 물빠짐이 좋도록 맨 아래에 마사토나 자갈을 살짝 깐다.
2. 마사토나 자갈 위에 배양토를 깔고, 포트에 들어 있던 식물을 꺼내 옮겨 심는다.
3. 준비한 식물을 모두 분갈이하고 나면, 검정 도화지를 조그맣게 오려 화이트펜으로 이름을 써준다. 나무젓가락이나 아이스바의 나무 스틱을 검정 도화지에 붙이면 풋말이 완성된다.
4. 각각의 화분을 나무 상자에 보기 좋게 담는다.

*Tip* 검정 도화지 대신 흑판 조각을 이용한 풋말이 있다면 금상첨화다. 색도화지를 코팅하거나 스티로폼을 자른 다음 시중에서 쉽게 구할 수 있는 라벨지를 붙이는 것도 좋은 방법이다.

# 숯을 이용한 초화 정원

숯은 흙보다 수분 공급력이 좋고 해충이나 벌레를 막아주는 효과를 지니고 있다. 또한 식물의 호흡을 강화시켜서 공기 정화에도 탁월하다. 건강에도 좋은 숯 정원으로 집안의 분위기를 포근하고 풍성하게 바꿔보자. 빈티지 느낌이 나는 베드벤치나 협탁에 살짝 올려놓아도 어울리고, 통유리로 된 거실 테이블에 올려두어도 조화를 이룬다.

### Recipe

관음죽, 비체리접란, 피토니아, 히포에스테스, 싱고니움, 아이비, 숯, 배수 구멍이 있는 화기, 배양토, 자갈이나 마사토

### Information

하나의 컨테이너에서 여러 종의 식물을 두고 키우려면, 생명력이 좋고 공통적인 특성을 지닌 것을 선택해야 한다. 위에 사용한 아이비, 관음죽, 피토니아 등은 적응력이 강하면서도 반그늘에서 잘 자라는 식물들이다. 식물에 따라 약간의 차이는 있지만 일반적으로 80% 이상의 습한 상태를 좋아하므로, 2~3일에 한 번씩 물을 준다. 특히 물을 줄 때는 바닥으로 흐를 정도로 충분히 주고, 오후보다는 오전에 주는 게 적당하다.

세팅이 끝나면 많은 양의 물을 붓는다. 각자 다른 곳에서 뿌리를 내리려던 것을 한 곳에 모아 두었기 때문에 흙과 흙 사이 또는 뿌리와 뿌리 사이에 작은 공간이 생긴다. 이곳에 물을 부어 서로 밀착하게 만든다.

*Tip* 여러 사람이 볼 수 있는 곳을 택해 놓는다. 응접실 테이블 위나 콘솔 위, 현관 입구도 괜찮다.

### How to

1. 배수 구멍이 있는 통에 마사토나 자갈을 얇게 깔고 배양토를 깐다. 포트에서 초화를 꺼낸다.
2. 포트에서 뺀 초화를 통에 넣고 원하는 모양을 만든다.
3. 초화를 다 배열하면 흙을 살짝 눌러준 뒤, 화기의 2/3 정도 오도록 숯을 깐다.
4. 샤워기로 약 1분간 꼭대기부터 물을 뿌리고 물이 빠지면 반 그늘진 곳을 찾아 놓는다.

# 재활용 용기 속 허브

마땅히 마음에 드는 분이 집에 없을 때 빠르게 성장하는 허브용 분을 일일이 사기에는 너무 번거롭다. 이럴 때는 자주 버려지는 생활 쓰레기나 쓰지 않는 빈 그릇을 이용해보자. 빈 깡통이나 우유팩만 있어도 색다른 변신이 가능하다. 이국적인 주스 병이나 쨈통 같은 것은 특히 좋은 아이템이다. 여러 개를 활용해서 허브를 담아 한군데 모아두면 일명 정크 스타일 허브 정원이 탄생한다.

### Recipe

허브, 빈 깡통이나 주스병, 배양토, 마사토나 자갈, 못

### Information

허브는 종류가 다양한 만큼 그 사용 방법과 효능도 각기 다르다. 요리에 넣거나 그 향을 음미하며 허브티를 끓일 수도 있고, 아로마테라피용이나 천연 비누 재료로 사용할 수도 있다. 타임이나 라벤더, 로즈마리, 오레가노, 바질 등의 허브는 요리에 향을 낼 때 사용하며 자스민이나 타임, 페퍼민트, 레몬밤 등은 차로 마시기에 특히 좋다. 또한 각 허브마다 피부와 심신의 안정에 탁월한 효과가 있으므로 미리 알아두고 구입한다.

### Tip

내추럴한 정원을 꾸미고 싶을 때 좋은 아이템이다. 베란다 한편에 나무데크를 깔거나 선반을 달아 한곳에 모아두면, 여러 개의 식물이 아기자기한 조화를 이루어 편안한 분위기를 연출할 수 있다.

### How to

1. 원하는 식물 크기와 비슷한 크기의 폐품을 고른 다음, 못이나 송곳으로 캔 밑부분에 구멍을 몇 개 낸다. 자갈이나 마사토를 깔아 배수층을 만든다.
2. 흙이 흐트러지지 않도록 조심하며 식물을 꺼낸다.
3. 꺼낸 식물을 그대로 캔 안에 넣어준다.
4. 캔의 80% 정도를 배양토로 채운 후, 캔 윗부분은 잔돌이나 이끼를 살짝 얹어서 마무리한다.

# 양철통으로 만든 정크 스타일 정원

철제로 만든 통이나 단단한 나무 박스가 있다면 굳이 구멍을 낼 필요 없이 정크 스타일 정원을 만들어보자. 소박하지만 자연스러운 식물의 아름다움을 한층 더 느낄 수 있도록, 어울리는 몇 가지 소품만 매치시키면 나만의 스타일 정원이 완성된다. 물론 상자의 재질과 느낌에 따라 얼마든지 다른 연출이 가능하므로, 자신의 취향대로 한껏 꾸밀 수 있다.

### Recipe

아스파라거스, 아이비, 아디안텀(Adiantum), 수박필레아(Pilea Cadierei Gaget), 약간 녹슨 양철통, 밤톨만한 돌, 배양토

### Information

배수관 대신 돌을 이용했기 때문에 밑에 깔린 돌 사이에 물이 고였다가, 윗부분의 수분이 모자랄 때 위로 올라와 수분 공급을 해준다. 따라서 한꺼번에 너무 많은 양의 물만 붓지 않으면 배수에 관해서는 걱정할 필요가 없다. 그러나 아무래도 건조한 것을 좋아하는 것보다는 수분을 좋아하는 식물을 이용하는 게 효과적이다. 아스파라거스나 아디안텀, 필레아같이 수분을 많이 필요로 하고, 생명력이 좋은 식물을 이용하자.

특별히 정크 스타일의 화기를 원할 때는 페인팅이 된 철제 화기나 토분 같은 것을 밖에 내놓는다. 비와 눈을 맞으며 2개월 정도 지나면 그을리고 녹슬고 이끼가 펴서 아주 자연스러워진다. 토분에 이끼가 낀 정크 화분을 원할 때는 흙이 담긴 상태로 밖에 내놓는다. 그래야 색이 변하고 이끼가 낀다.

*Tip* 만약 야외에 둘 경우라면 화분이 여러 개 모인 곳이나, 현관 앞 계단 입구 쪽에 놓아보자. 햇빛에 그을린 정크 스타일의 분위기가 나서 멋스럽다.

### How to

1 분에 1/3정도로 돌을 깔아 채운다.

2 돌을 가려줄 정도로 흙을 얹어주고 원하는 식물을 포트에서 꺼내 분 안에 넣는다.

3 식물과 식물 사이 공간에 흙을 넣고, 뿌리가 상하지 않도록 부드럽게 누르면서 메운다.

4 윗부분에 돌이나 이끼를 깔아 마무리하고 약 1리터 정도의 물을 물뿌리개로 골고루 뿌려준다.

# 알프스 창가가 떠오르는 유리병 정원

외국 잡지를 보면 꽃을 꽂은 예쁜 유리병들이 창가에 놓여 있는 모습을 흔히 볼 수 있다. 더 이상 눈요기만으로 끝내지 말고 오늘은 우리집 창가를 유럽식 유리 정원으로 바꿔보자. 창가에 모아둔 조그만 화분에 알록달록한 꽃들이 피면, 햇빛에 비춰 화사한 색채가 반짝거린다. 싱그러운 풀냄새를 맡으며 창문 밖 풍경에 빠져드는 것도 좋지 않을까.

*Recipe*

크기가 다른 유리 화기 몇 개, 온시디움, 덴파레, 파피오페딜럼, 흰색과 검정색 돌, 이끼, 오아시스, 작은 메탈 분위기 화기

*Information*

난은 전 세계적으로 약 3만 여종이 넘게 분포되어 있다. 크게 동양란과 서양란으로 구분하는데, 서양란은 열대에서 아열대가 원산지로 유럽에서 주로 재배된다. 대표적인 서양란으로는 덴파레, 온시디움, 카틀레야, 호접란 등이 있다.
그 중 온시디움은 통풍이 잘되는 시원한 장소에서 키워야 한다. 스프레이를 자주 뿌려 습도는 높이되, 물은 아주 소량을 주는 게 좋다. 원래 온시디움은 흙이 아니라 나무 등에 뿌리를 내리고 사는 착생식물이기 때문에, 뿌리째 키우려면 분 안에 오아시스 대신 시중에서 판매하는 바크나 물이끼 등을 넣고 길러야 한다.

*Tip* 높낮이가 각자 다른 크기의 화기를 이용해 세팅을 해보자. 꼭 꽃병이 아니더라도 예쁜 와인 잔이나 과일 접시 등을 이용해도 근사한 코디가 된다. 앤티크 도자기 인형이 있다면 로맨틱한 분위기를 한층 더 살릴 수 있다.

*How to*

1 메탈 화기의 크기에 맞춰 오아시스를 잘라 넣는다. 온시디움을 오아시스에 꽂고 다듬는다.
2 온시디움을 다듬은 다음, 오아시스가 보이는 부분에 이끼를 골고루 깔아준다.
3 준비한 큰 볼 속에 자갈을 반 정도 깐다.
4 3번 안에 온시디움으로 장식한 것을 넣어주고, 다른 식물들도 같은 방법으로 세팅한다.

# 침실 옆 유리병 정원

웰빙 열풍이 불면서 건강에 좋은 웰빙 식물이 뜨고 있다. 그중에서도 가장 대표적인 것이 안수리움이다. 집에서 생기기 쉬운 각종 유해 물질을 제거하는 데 탁월하며, 아름다운 잎 모양과 색으로 시선을 사로잡는다. 특히 한번 꽃이 피면 오래 가기 때문에 눈으로 보는 즐거움이 더욱 크다. 건조해지기 쉬운 환경에서 인위적인 가습기보다 보기 좋고 효율적인 식물 가습 효과를 이용해보자.

### Recipe

깊고 긴 유리 화기, 안수리움(Anthurium)

### Information

안수리움의 잎은 잎자루가 길고 모양도 변화가 많다. 색깔 또한 빨간색, 오렌지색, 분홍색, 초록색 등 다양해서 눈길을 끈다. 물에서 키우는 것이 가능한 식물이므로 수경재배를 하려면 직사광선을 피해 빛이 잘 드는 곳에 두고, 일주일에서 열흘 사이에 한 번씩 물을 갈아준다.

뿌리째 두고 화분에 키우려면 분 안에 나무껍질을 잘게 잘라 만든 바크를 넣어 배수가 잘 되도록 해주면 좋다. 바크는 화훼매장이나 인터넷으로 손쉽게 구입 가능하다. 여름에는 반그늘에서 재배하며, 2~3일에 한 번씩 흙 표면을 확인하여 흙이 마르기 전에 물을 듬뿍 준다. 겨울철에는 5~7일에 한 번씩 흙 표면을 확인해 흙이 말랐을 때 물을 듬뿍 준다.

### Tip

꽃의 색과 매치되는 패브릭을 화병 아래 깔거나 어울리는 색깔의 인테리어 소품을 옆에 두면 분위기가 한층 살아난다.

### How to

1 포트 속 안수리움을 밖으로 꺼낸다.
2 꺼낸 안수리움의 뿌리 부분에 있는 흙을 깨끗이 털어준다.
3 물로 뿌리를 깨끗이 닦아낸다.
4 깨끗이 닦아낸 안수리움의 잎을 가로로 정리한 뒤, 준비한 화병 속에 넣고 물을 채운다.

# Part 2
## 화분 한 개로 바꾸는 센스 만점 집꾸밈

덩치가 커다란 식물들은 대개 어느 정도 성장한 상태에서 구입하는 경우가 많다. 그만큼 분과 식물, 주변 공간의 조화가 중요한데, 주위 공간과 식물 생김새에 어울리는 화분 하나만 잘 골라도 얼마든지 손쉽게 집 분위기를 바꿀 수 있다. 또한 덩치가 큰 식물들은 공기정화 효과가 뛰어나기 때문에 목적에 따라 알맞은 식물을 키우는 것도 효과 만점이다. 집안 가득한 싱그러운 공기를 전해줄 관엽식물, 이제는 좀더 멋스럽게 키워보자.

# 벽난로 앞 크로톤

잎 하나하나가 다른 색감과 모양을 내어 아름다운 크로톤은 그 화려함 때문에 많은 사랑을 받고 있다. 덩치가 커다란 식물들은 대개 어느 정도 성장한 상태에서 구입하는 경우가 많고, 그 하나만 두고 기르기 때문에 그만큼 분과 식물, 주변 공간의 조화가 중요하다. 그런 의미에서 잎사귀 끝이 옐로우 톤인 식물은 따뜻한 느낌을 주어 거실 테이블이나 식탁 옆에 두기에 안성맞춤이다.

*Information*

아름다운 타원형 잎을 지닌 크로톤은 전체적으로 색채가 화려한 편이라 보는 즐거움 또한 크다. 집에서 크로톤을 키울 때 가장 조심해야 할 것은 바로 온도 유지다. 크로톤은 추위에 매우 약하기 때문에 집 온도를 항상 12도 이상이 되도록 유지해야 하며, 성장을 위해서는 18도 이상의 온도가 되도록 조절해야 한다. 만약 온도가 낮으면 잎 색깔이 변하면서 잎이 떨어져버리는데, 장시간 온도가 낮으면 줄기까지 죽어버리므로 조심하고, 직사광선이 닿지 않는 곳에 놓아둔다.

통풍이 잘 되도록 신경 쓰고, 물은 흙 표면이 말랐을 때 충분히 준다. 모든 식물이 그렇듯이 관엽 식물도 물을 줄 때 흙 표면의 습기를 기준으로 한다. 그래서 흙 표면이 말랐을 때는 화분의 배수 구멍으로 물이 흘러나올 만큼 충분히 주는 것이 기본이다. 그러나 겨울에 너무 자주 물을 주면 식물 주변의 온도가 내려가기 때문에 물 주는 양을 가급적 줄여서 온도를 유지하도록 한다. 집에서 많이 기르는 크로톤으로는 브라보크로톤, 페트라크로톤, 노르마크로톤 등이 있다.

*Tip* 잎의 색이 노랑에서 주황까지 다양한 변조를 이루는 만큼 단색의 옹기 화분에 두는 것도 잘 어울린다.

# 햇볕 가득한 창가, 벤자민 한 그루

푸른 잎이 탐스러운 벤자민은 햇살이 들어오는 거실에 두기 좋은 식물이다. 반짝이는 잎이 거실 분위기를 한껏 살려주는 것은 물론 공기 정화 효과도 탁월하기 때문이다. 비즈발이나 부드러운 흰색 톤의 자개발을 창문에 달면, 싱그러운 벤자민의 분위기를 제대로 살릴 수 있다. 시원스레 퍼지는 줄기와 푸릇푸릇한 잎들이 있어 온 가족이 이야기를 나누는 시간이 한층 정겨워진다.

*Information*

벤자민(Ficus bengamina)은 화분에 심어 실내에서 키우면 좋은 관엽 식물이다. 보통 벤자민이라고 하면 벤자민고무나무를 지칭하며, 종류에 따라 좀더 세분화시킬 수 있다. 벤자민은 16~30도 사이에서 잘 자라며, 흙이 마르면 물을 충분히 주도록 한다. 벤자민은 반그늘에서도 키울 수 있을 만큼 음지에 비교적 강한 식물이지만, 가급적이면 1년 내내 햇빛이 잘 드는 곳에 두고 키우는 게 좋다. 햇볕을 너무 받지 못했거나 물이 부족하면, 잎이 누렇게 변하면서 떨어지기도 하기 때문이다. 화분에 흙을 보충하거나 옮겨 심기를 할 때에는 배양토를 구입해서 이용하거나, 밭흙(밭이나 화단 등에서 퍼올 수 있는 일반 흙), 부엽토(낙엽이나 풀이 발효되어 흙이 된 것), 모래를 3:5:2로 혼합해서 사용한다. 모래 대신에 알갱이가 큰 마사토를 섞어도 무방하며, 마사토와 부엽토는 시중에서도 판매되고 있다.

벤자민은 공기 정화 효과가 큰 식물이다. 난방기에서 나오는 유해 물질이나 음식을 만들 때 발생하는 이산화탄소를 정화시켜주므로, 주방이나 거실에 두기 안성맞춤이다. 한편으로는 자라던 장소와 환경에 민감하므로, 너무 자주 옮기는 것은 좋지 않다. 많이 키우는 벤자민으로는 골든프린세스 벤자민, 화와이벤자민, 누다벤자민, 무늬벤자민, 애기벤자민 등이 있다.

*Tip* 잎사귀가 많이 퍼지는 나무를 창가에 두면 더욱 싱그러운 느낌을 받을 수 있다. 창가에 비치는 빛이 나뭇잎을 만나 그늘을 이루면 근사한 분위기가 연출된다.

# 장식장 앞 떡갈나무잎 고무나무

앤티크 느낌의 가구가 있다면 광택이 있는 식물을 함께 놓아도 어울린다. 화초의 키를 가구 높이와 비슷하게 또는 약간 낮게 연출하는 것이 포인트다. 썰렁해지기 쉬운 공간을 멋스럽게 연출하려면 그린 계통의 패브릭을 함께 매치해보는 것도 좋다. 작은 떡갈나무잎 고무나무는 고풍스러운 느낌이 나는 침대 발치나 소파 옆에 미니 화분과 함께 놓았을 때 자연스러운 멋을 감상할 수 있다.

*Information*

떡갈나무잎 고무나무는 달걀형의 큰 잎이 매력적인 식물이다. 잎 모양이 떡갈나무잎을 닮았다고 해서 붙여진 이름이며, 잎 표면에 윤기가 나고 잎의 가장자리에 물결 모양의 굴곡이 있는 것이 가장 대표적인 특징이다. 반그늘에서 잘 자라고 화분에 심어 관상용으로 두기에도 좋다. 특히 추위에 강하고 습한 곳을 좋아하는데, 여름 햇살 아래에 두어도 좋지만 봄 햇살과 가을 햇살에는 잎이 데어서 망가지기 쉬우므로 조심하자. 최저 10도 이상이 되도록 유지해야 하며 16~30도 사이에서 잘 자란다. 물은 충분히 줘야 하지만 겨울에는 마른 듯 관리하는 것이 좋다. 화분을 갈 때나 흙을 보충하고자 할 때는 밭흙, 부엽토, 모래를 3:5:2로 혼합하거나 배양토를 구입하여 사용한다. 줄기와 가지가 가늘기 때문에 지지대를 세워서 곧게 자라도록 도와준다.

*tip* 같은 계열의 색으로 공간을 장식하는 것보다 대비되는 색으로 포인트를 주는 것도 좋다. 가구가 어두운 계통의 색이라면 화분의 색을 밝게 해서 포인트를 주도록 하자.

# 테이블 위에 놓기 좋은 스파티필룸

이산화탄소를 제거하는 데 탁월한 스파티필룸은 웰빙 열풍을 타고 가장 인기를 끄는 식물 중 하나다. 햇빛이 충분치 않아도 잘 자라기 때문에 집안 어디서나 키울 수 있다. 거실 테이블이나 침실, 주방 등 온 가족이 자주 모이는 장소에 웰빙 정원을 꾸며보자. 아침에 창문을 열면 집안 가득 싱그러운 공기를 선사하고, 하루의 피곤을 푸는 쉼터가 되어줄 것이다.

*Information*

스파티필룸(Spathiphyllum)은 공기 정화 효과가 뛰어난 웰빙 식물이다. 때문에 실내에서 키우기에 적합하며 그늘이나 반그늘에서도 잘 자란다. 단, 충분한 수분이 필요하기 때문에 가능한 매일 수분을 공급해주고, 가끔씩 잎을 닦아주도록 한다. 자라기에 적합한 온도는 12도에서 25도 사이다. 최저 5도 이상이 되도록 유지한다. 화분에 심어 기를 때는 밭흙, 부엽토, 모래를 4:4:2로 혼합하거나 배양토를 이용한다.

스파티필룸은 아세톤과 이산화질소 등의 유해 물질을 없애는 효과가 탁월하기 때문에 집 어디에 두어도 좋다. 특히 개별 난방인 경우에는 유해 가스를 빨아들이기 때문에 상쾌한 공기를 유지시켜 준다. 원예용으로는 스파티필룸 왈라시, 스파티필룸 마우나 로아슈프림, 플라워파워 스파티필룸, 스파티필룸 플로리번둠 등이 있으며, 최근의 인기를 타고 워낙 다양한 품종이 나와 있기 때문에 화훼 가게나 시장에 가면 손쉽게 여러 가지 품종을 만날 수 있다.

*Tip* 짚으로 만든 직사각형의 길다란 화분은 일반적인 토기 스타일의 화기와는 또 다른 분위기를 연출할 수 있다. 원목 마룻바닥에 그냥 놓아두기만 해도 포인트 역할을 충분히 할 수 있다.

# 플라워 프린트와 조화를 이루는 듀란타

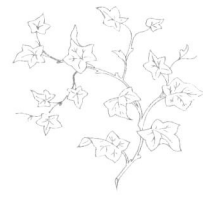

때로는 커다란 화분에 여러 개의 식물을 심어 색다른 분위기를 연출해보는 것은 어떨까. 조금 커다란 화분에 메인이 되는 듀란타를 심고, 그 둘레에 아이비를 심어 덩굴이 자연스럽게 늘어지도록 해보자. 자칫하면 썰렁해 보이기 쉬운 가지가 아이비의 덩굴과 만나 소박하면서도 다채로운 느낌을 가져다줄 것이다.

### Information

듀란타는 반그늘에서 자라는 다년생의 식물이다. 꽃대는 가늘고 길게 자라서, 7월경에 총상화서로 꽃이 핀다. 총상화서란 꽃 자라가 있는 여러 개의 꽃이 긴 꽃대에 어긋나게 붙어, 밑에서부터 피기 시작하여 끝까지 피는 꽃의 모양을 의미하는 말이다.
16~30도에서 잘 자라며, 햇빛이 충분히 있는 곳에서 키우도록 한다. 습지 식물인 만큼 충분한 수분을 필요로 하므로, 잎에 매일 물을 주고 젖은 수건으로 잎을 닦아준다. 실내에서 화분에 기를 때는 밭흙, 부엽토, 모래를 5:3:2로 혼합하거나 배양토를 이용한다.
듀란타는 손이 많이 가지 않는 식물 중 하나다. 그러나 가지가 얇기 때문에 잎이 너무 무성하면 가지가 처지므로 적당히 가지치기를 해주고, 지지대를 세워 똑바로 자랄 수 있게 도와준다.

*tip* 일반 화이트 벽지가 아닌 플라워 프린트나 체크 모양의 벽지를 이용하여 클래식하면서도 이국적인 느낌을 가진 공간을 연출할 수 있다. 아트윌이나 시트지를 한쪽 벽에 붙이기만 해도 집 안 분위기가 확 달라진다.

# 예쁜 음이온 생성기, 필로덴드론

필로덴드론은 답답해지기 쉬운 집안 공기를 확 바꿔주는 천연의 음이온 생성기다. 큼직한 화분 한 개만으로도 이국적인 잎사귀들이 멋스러운 느낌을 연출한다. 비교적 크고 높은 화분과 식물은 거실 한쪽에 놓아두면 잘 어울리는데, 소파나 다른 패브릭의 화사함에 자연스럽게 매치되며 싱그러운 기운까지 불어넣어 준다.

*Information*

그린 라이프에서 결코 빠질 수 없는 식물이 바로 필로덴드론이다. 음이온을 생성하기 때문에 신경 안정과 피로회복에 효과적이다. 성장을 위해서는 20~25도, 상태 유지를 위해서는 8~10도 사이의 온도가 적당하다. 반그늘에서도 잘 자라기 때문에 집안 어디에서나 키우기 좋지만, 음이온 생성 및 이산화탄소 흡수 효과를 생각하면 아이들 공부방에 두는 것도 효과적이다. 단, 충분한 수분을 공급해야 하기 때문에 배수가 잘 되도록 신경 쓰고, 흙이 마르면 물을 듬뿍 주도록 한다. 가끔씩 젖은 수건으로 잎을 닦아주고, 잎이 빨리 자라는 편이기 때문에 틈틈이 관리가 필요하다. 흙은 밭흙, 부엽토, 모래를 3:5:2로 혼합하거나 배양토를 이용한다.
필로덴드론은 다양한 변종이 있으며, 시장에서도 여러 종류를 쉽게 구할 수 있다. 그 중에서도 필로덴드론 비피나티피둠, 필로덴드론 블랙카디널, 필로덴드론 카니폴디움, 필로덴드론 라디아툼, 필로덴드론 셀로움, 필로덴드론 크사나두, 필로덴드론 플루토, 필로덴드론 레몬라임 등의 원예종을 많이 키운다.

*Tip* 여러 종류의 식물을 키우고 있다면 각종 화분들을 한자리에 모아서 화분들로 꾸민 정원을 만들어보자. 화사한 매트를 깔아 자연스럽게 경계를 지워두면, 산뜻하면서도 단정한 공간 연출이 가능하다.

# 관엽 잎새를 활용한 데코 아이디어

잎을 잘라 장식하는 절엽 소재에는 다양한 식물이 있다. 대부분은 작은 식물들의 잎이나 줄기를 이용하지만, 가끔씩 집안 분위기를 색다르게 바꾸고 싶다면 관엽 잎새를 활용해보자. 덩치가 커다란 식물들은 잎사귀 자체만으로도 푸른 느낌을 한껏 살릴 수 있다. 병목이 기다란 모던 스타일의 블랙 화기에 그린 식물을 담아 보는 것은 어떨까.

*Information*

잎자루 끝이 7~9개 사이로 갈라져, 팔손이라는 이름이 붙은 미나리목 식물. 일본과 우리나라에서 자라는 토종 웰빙 식물이다. 잎 모양이 예쁘고 짙은 녹색에 광택이 있어 잎을 잘라 화훼 장식용으로 많이 사용한다. 20도 전후의 온도에서 잘 자라기 때문에 실내에서 키우기에도 부담 없다. 반그늘에서 잘 자라며 한낮의 직사광선은 피하도록 한다. 물을 좋아하므로 충분한 수분을 공급하고, 흙 표면에 물기가 마른 듯 했을 때 듬뿍 주도록 한다. 겨울이나 건조한 날에는 젖은 수건으로 잎을 닦아주거나 분무기로 살짝 물을 뿌려주는 것도 좋다.

덩치가 있는 다른 식물보다는 어린 묘목을 쉽게 구할 수 있는데, 다 자라면 크기가 꽤 큰 편이다. 따라서 성장에 따른 분갈이를 잊지 말고 챙기도록 하자. 분갈이는 봄에 하는 게 좋으며 다소 넉넉한 화분에 옮겨 심어 여유 있게 자라도록 돕는다.

*Tip* 잎사귀가 커다랗고 줄기가 길게 이어지는 식물이라면 잎을 잘라 얼마든지 활용할 수 있다. 상큼한 푸른색이나 신선한 화이트, 맑은 그린 계통의 인테리어 소품을 매치시켜보자.

# Part 3
## 스타일이 살아나는 모스와 선인장 꾸밈

아직 우리에게 조금 낯선 모스와 선인장은 식물을 키우고 싶지만 자신이 없다는 사람들에게는 가장 편하게 꾸미고 키울 수 있는 식물이다. 지나가다 눈에 띄는 예쁜 선인장이 있다면, 여러 개를 하나의 화분에 옮겨 심어보자. 테이블 위에 두고 간단한 소품 한두 개만 놓아도 색다른 정원이 완성된다. 만약 색다른 변화와 분위기를 원한다면 모스를 이용해 토피어리나 미니 정원에 도전해보자.

# 세상에 하나뿐인 동양풍 미니 정원

베란다를 개조하여 정원을 꾸미는 집이 많아지고 있지만, 관리와 비용 면에서 만만치 않은 게 사실이다. 꽃과 나무가 있는 풍성한 베란다 정원도 좋지만, 관리할 자신이 없거나 부담이 된다면 단아한 매력의 플랜터 정원을 직접 만들어보면 어떨까. 작은 공간 속에서 조화를 이루고 있는 갖가지 식물들이 집안 곳곳에 자연의 숨결을 불어넣을 것이다.

*Recipe*

이끼, 돌, 배양토, 드라세나, 수박필레아, 알보리네아타, 셰플레라(=홍콩), 마디초, 나무 상자

*Information*

드라세나, 셰플레라, 수박필레아, 마디초 등은 반그늘에서 잘 자라며 적당한 수분 공급이 필요한 식물이다. 특히 잎에 충분한 수분이 필요하므로, 잎 주위에 분무기로 물을 뿌려 습도를 유지하도록 한다.

상자는 넓고 낮은 판이 좋은데, 여기에서는 동양풍의 정원을 위해서 가로×세로가 1m×50cm, 높이는 15cm인 판을 이용했다. 동양풍 정원은 공간의 미를 살려야 하므로 높낮이와 공간을 잘 조절하도록 하자.

*Tip* 일반적으로 베란다에 미니 정원을 두려는 경우가 많은데, 이 미니 정원은 거실 한쪽 또는 따로 테이블을 마련하여 실내로 들여 놓아도 멋스러운 느낌을 줄 수 있다. 미니 정원 안에 작은 개구리나 벌레 모형 등의 소품이 있다면 한층 정겨운 느낌이 들 것이다.

*How to*

1. 상자 아래 자갈을 깔고 흙을 채운다.
2. 준비한 식물을 포트에서 꺼내어 뿌리째 심는다.
3. 식물 사이의 공간과 식물 뿌리 위 높이만큼 흙을 넣고, 이끼를 얹는다.
4. 돌을 나누어 넣어 보기 좋게 장식한다.

# 기와를 이용한 난초 정원

달콤한 향기가 그윽하게 퍼지는 난초는 밤에 더 빛나는 꽃이다. 촛불이나 조약돌같은 인테리어 소품 한두 개만 있어도, 불빛과 향기에 취하는 고즈넉한 시간을 선사한다. 삶이 지치고 힘들 때면 잠시 그리운 추억을 떠올리며 이런한 기분을 맛보는 시간도 필요하지 않을까. 이끼로 만든 풍란은 패 오랫동안 꽃을 피우기 때문에 한번 놓아두고 오래 감상할수 있다.

### *Recipe*

풍란, 이끼, 와이어, 낚싯줄, 기와 또는 질그릇

### *Information*

동양란은 온대아시아인 우리나라와 중국, 일본 등에서 자생하는 란을 말하며, 춘란, 한란, 석곡, 풍란, 나도풍란 등의 난과 식물이 해당된다. 난은 분의 토양이 2~3cm 정도 건조되었을 때 물을 주는 것이 좋다. 뿌리에 물을 저장하기 때문에 토양이 건조되어도 쉽게 죽지 않기 때문이다. 건강하게 키우려면 아침 햇살에 2~3시간 정도 비춰주고, 겨울에는 특히 하루 종일 햇빛을 보게 하는 것이 좋다.

풍란은 뿌리를 내놓고 바위나 나무에 착생하는 식물이므로, 뿌리와 잎에 골고루 물을 줘야 하고 6월에서 7월 사이에 꽃을 즐길 수 있다.

### *Tip*

말 그대로 동양난은 단아함이 생명이다. 기와나 질그릇, 또는 투박하고 소박한 동양적 화기를 이용하는 것이 좋다. 가구 위에 놓거나 어르신들 방에 놓아드리면 더욱 빛이 난다.

### *How to*

1. 준비한 풍란을 포트에서 꺼낸다.
2. 젖은 이끼를 준비해 뿌리 부분을 볼 모양으로 붙여주며 모양을 만든다.
3. 초록색 와이어로 U자 모양의 핀을 만들어, 이끼 부분 군데군데 U핀으로 눌러 고정시킨다.
4. 고정이 끝나면 투명 낚싯줄을 이용해 골고루 돌려가며 원 모양의 틀을 탄탄하게 메어준다.

# 녹차 한 잔이 떠오르는 모스 정원

식탁이나 테이블 위를 꽃으로만 장식한다는 고정관념을 깨자. 때로는 이끼와 돌만으로도, 세대를 넘어 공감할 수 있는 미니 정원을 꾸밀 수 있다. 커피보다 녹차나 허브차가 어울리는 느낌을 쫓아 맘에 드는 작은 소품들을 찾아보는 것도 재미있다. 단아함과 심플함이 한껏 살아 있는 모스 정원을 테이블 위에 두고, 한낮의 여유로움을 즐겨보자.

### Recipe

깊이 있는 쟁반이나 나무 상자, 흙과 돌, 이끼

### Information

이끼(Moss)는 습기가 많은 땅, 숲 속, 수피 및 돌 위 등에서 자라는 작은 녹색식물을 총칭하는 말이다. 혹독한 환경에서도 잘 견뎌내는 특징이 있고, 최근 베란다 정원이 눈길을 끌면서 다시 한 번 그 활용도가 높아지고 있다. 원예 분야에서는 산이끼, 만두이끼, 인조이끼 등이 있으며, 시중에서도 다양한 종류의 이끼를 구할 수 있다.
이끼는 습기가 짙으면 녹색이 유지되지만, 건조하면 누렇고 희게 변한다. 따라서 물기가 마르지 않도록 충분히 물을 주고, 분무기로 물을 뿌려 습도를 높이는 것이 중요하다.

### Tip

돌을 쌓아 만든 미니 연못이나 작은 물고기들이 사는 어항 등의 옆에 두면 조화를 이루어 한층 멋스러운 정원이 탄생한다.

### How to

1. 재료와 도구, 흙과 돌을 넣은 상자를 준비한다.
2. 1번 상자처럼 만들기 위해서 우선 바닥 전체에 흙을 깐 다음 잔돌을 한 면에 깐다.
3. 흙을 정돈해서 높낮이를 맞춘다.
4. 높낮이를 맞춘 흙 위에 이끼를 볼륨감 있게 깔아준다. 흙이 보이지 않도록 이끼를 다 깔고 나면 마지막으로 멋스러운 큰 돌로 장식한다.

# 선인장 아홉 개로 꾸민 테이블

식물을 키우고는 싶지만 자신이 없어서 못 키운다는 사람들이 의외로 많다. 관리와 물 주기에 익숙하지 않아서 식물을 죽이기 십상이라는 사람이라면 선인장으로 간단하게 미니 정원을 꾸며보는 것은 어떨까. 선인장의 종류에 구애받을 필요 없이, 지나가다 눈에 띄는 예쁜 선인장이 있다면, 여러 개를 하나의 화분에 옮겨 심어보자. 테이블 위에 두고 소품 한두 개만 놓아도 색다른 정원이 완성된다.

*Recipe*

선인장 또는 다육식물, 흰 돌, 흙, 사각판

*Information*

선인장과 다육식물은 약간 다르지만 일반적으로 선인장이라고 하면 이 두 종류를 통칭하는 말이다. 선인장은 양성식물이므로 충분한 빛을 필요로 하고, 약간의 수분만으로 관리가 가능하기 때문에, 어떤 환경에도 적응력이 강하다. 최근에는 저렴한 가격에 다양한 선인장을 구입할 수 있으므로, 부담 없이 식물을 접하며 키우는 즐거움을 맛볼 수 있다.

*Tip* 같은 모양의 선인장을 나란히 심어 놓으면 통일감과 모던함을 느낄 수 있어, 깔끔한 스타일을 좋아하는 이들에게 적당하다. 직사각형 화분에 일렬로 배열해두고 책상이나 장식장 위에 얹어도 세련된 느낌을 전할 수 있다.

*How to*

1. 재료를 준비한다.
2. 흙을 깔고 포트에 있는 선인장을 꺼내 준비한 위치에 가지런히 놓는다.
3. 선인장 사이사이 흙을 골고루 넣어, 분의 높이 정도로 채워준다.
4. 같은 분위기의 돌을 골라 윗부분에 촘촘히 깔아준다.

# 커피 홀더로 만드는 1분 깜짝 정원

언제나 손쉽게 구할 수 있는 테이크아웃 커피 홀더를 멋스럽게 이용해보자. 친구들이나 가족과 함께 커피 한 잔을 했다면, 1분 안에 센스 만점의 인테리어를 완성할 수 있다. 때로는 정성껏 키운 선인장을 커피 홀더에 담아 선물하는 것도 좋은 아이디어다. 주방 창가나 책상 등 공간이 좁은 곳에도 부담 없이 둘 수 있어 더욱 알뜰하다.

*Recipe*

Take-out 커피 홀더와 영자 신문, 예쁜 돌, 선인장

*Information*

선인장이 아무리 장소에 크게 구애받지 않는다고는 해도, 햇빛이 잘 들어오고 통풍이 잘 되는 곳에서 키우는 게 제일 좋다. 물은 너무 많이 주면 뿌리가 썩기 때문에, 2주에서 한 달 정도의 간격을 두고 한 번에 흠뻑 주자.
선인장은 포트나 화분에 들어 있는 그대로 이용하는 게 좋다. 박스 자체가 종이로 만들어진 것이기에 수분에 젖을 염려가 있다.

*Tip* 비싸고 좋은 것만 찾을 필요가 없다. 조금의 수고만 더해도 버려지는 소모품으로 멋진 인테리어 소품을 만들 수 있다. 테이크아웃 커피 홀더 외에도 계란 용기, 포장 상자 등도 얼마든지 활용할 수 있다.

*How to*

1. 재료를 준비한다.
2. 흙 위에 예쁜 잔돌을 얹는다.
3. 영자 신문이나 잡지를 구겨 선인장을 포장한다.
4. 커피 홀더가 4칸으로 이루어졌으므로, 4가지 종류의 선인장을 넣어주면 한층 멋스럽다.

# 아기자기한 책장 속 선인장

장식장이나 책장의 빈 공간에 자그마한 미니 화분을 두는 경우가 많다. 이럴 때 조금만 신경 써서 화분을 고르면, 식물과 화기가 조화를 이루어 두 배의 인테리어 효과를 이끌어낸다. 자주 손이 가는 곳이 아니라면 선인장이나 다육식물이 좀더 효율적이다. 선인장이나 다육식물 중에는 동글동글한 생김새의 아기자기한 것들이 많으므로, 어울리는 화기를 이용해 푸르름을 담아보자.

*Recipe*

둥그스름한 느낌을 주는 선인장이나 다육식물, 화분

*Information*

동글동글한 모양의 선인장이나 다육식물에는 여러 종류가 있지만, 손쉽게 구할 수 있는 종류 중 하나가 세잎 돌나물이다.

세잎 돌나물(Sedum Sieboldii sweet)은 바위나 양지 바른 땅에서 자라는 다육질의 식물이다. 다육식물은 물을 자주 줄 필요가 없고, 예민하지 않은 것이 특징이다. 선인장보다는 수분을 좀더 필요로 하지만, 1주일에 1회 정도 스프레이로 수분 공급만 해도 생명력을 유지할 수 있다. 대신 충분한 빛을 필요로 하므로, 햇빛이 잘 드는 곳에서 키우도록 하자.

*How to*

1 동그란 느낌을 주는 선인장과 여기에 어울릴 듯한 화분을 준비한다.

2 포트에 있는 그대로 고스란히 꺼내어 화분에 옮겨 심는다.

3 빈 공간을 메꿀 수 있도록 흙을 채운다.

4 입구가 넓은 화분이라면, 작은 조약돌이나 구슬로 흙 위를 장식한다.

*Tip* 햇빛이 잘 드는 아이들의 공부방 책꽂이 또는 비슷한 화기를 이용해 크기별로 장식해 놓은 공간이나, 콘솔 위가 적당하다.

# 이국적인 선인장 모듬 정원

여러 종류의 선인장을 같은 화기에 담아도 색다른 느낌을 줄 수 있다. 단, 이때는 선인장의 배합에 따라 완전히 다른 분위기가 연출되므로, 어떤 종을 선택하느냐가 포인트다. 쓰지 않던 예쁜 그릇이나 컵이 있다면 화기에 맞춰 선인장을 선택하는 센스도 필요하다. 갖가지 스타일로 선택할 수 있고 관리하기 편하다는 장점을 살려, 친구 집들이나 생일 선물용으로 알맞은 아이템이다.

### Recipe

소정, 용신목 등의 선인장, 작은 조약돌

### Information

선인장에 충분한 빛을 쬘 수 있도록 하고, 토양이 마른 듯할 때 수분 공급을 해준다. 무엇보다 건조하게 관리하는 것이 중요하다. 선인장을 고를 때 한 가지 주의할 것은 종류에 따라 성장 크기가 각기 다르다는 점이다. 예를 들어 용신목 같은 경우는 1미터 이상 자라기도 하므로, 성장 크기를 고려해서 선인장을 구입하는 것이 좋다.

### How to

1 각자 모양이 다른 선인장을 준비한다.
2 화기의 크기에 맞는 선인장 사이즈를 골라 그대로 넣는다.
3 빈 공간이 없도록 흙을 메운다.
4 윗부분에 작은 조약돌을 얹어 포트의 플라스틱 부분이 보이지 않게 해준다.

*Tip* 선인장은 털이 달린 종류와 가시가 난 것, 길쭉한 모양과 동그란 모양 등 크기와 모양이 제가각이므로, 취향에 따라 적절한 것을 고른다. 알록달록한 미니 선인장을 여러 개 골라 세팅하면 정열적인 열대풍 선인장 가든을 연출할 수 있다.

# 모스를 잘라 만든 토피어리 정원

요즘은 토피어리를 즐기는 사람들이 많은데, 무언가 나만의 놀이를 하고 싶을 때 손쉽게 만들 수 있다는 것이 커다란 장점이다. 식물을 심어 기르는 것도 좋지만, 짧은 시간 동안 만들어 장식적인 효과를 얻고 싶다면 오아시스를 이용한 모스 토피어리가 어떨까. 갑작스런 손님 방문에도 센스 있는 테이블 소품이 될 수 있고, 작은 변화를 시도하고자 할 때 바로바로 만들 수 있어 더욱 좋은 아이템이다.

### Recipe
오아시스(플로랄 폼) 1개, 이끼, 작은 화기, 아이비 잎

### Information
토피어리라고 하면 보통 나뭇가지나 줄기 등으로 골격을 만들고, 모스를 입혀 일정한 형태를 만든 다음, 그 안에 식물을 심어 키우는 것으로 알려져 있다. 그러나 토피어리란 여러 가지 소재를 이용해서 식물을 입체적으로 다듬어놓은 것을 말한다. 따라서 드라이플라워나 과일, 채소를 이용해서 만든 장식품까지 모두 해당되며, 식물을 다듬어 장식적인 효과를 얻는 조형물까지 모두 포함된다고 할 수 있다. 실제로 요즘에는 다양한 틀을 시중에서 구입할 수 있기 때문에 틀에 수태를 붙여 쉽게 토피어리를 만들 수 있으며, 오아시스 대신 화분망을 이용해서 식물을 뿌리째 넣으면 오랫동안 키울 수 있다.

### How to
1. 오아시스를 물에 담가 물을 충분히 흡수하도록 한 다음, 밤톨 만하게 자른다.
2. 물에 넣어 적신 이끼를 오아시스에 붙인다.
3. 동그란 모양이 갖춰지면 와이어나 낚싯줄로 볼의 모양을 고정시킨다.
4. 이끼볼을 피라미드 쌓듯이 잘 올린 다음, 예쁜 꽃 한 송이나 아이비 잎을 꽂아 장식하면 귀여운 모양의 모스토피어리가 된다.

### Tip
동그란 볼 만들기에 익숙해지면 와이어를 이용해 여러 가지 모양을 만들어보자. 동그란 볼 위에 와이어 두 개를 세로로 꽂은 뒤, 작은 볼 두 개를 얹은 다음, 까만 단추를 붙이면 곰 얼굴이 완성된다. 아이들과 함께 하기에도 좋다.

# 투박함을 살린 멕시칸 선인장 정원

선인장이라는 이름이 익숙해진 것은 거친 황야에 오도카니 서 있던 기둥선인장의 힘이 클 것이다. 투박함을 최대한 살려 미국 서부영화에나 나올법한 어느 맥주집 분위기를 연출해보자. 예전에 구입해서 요즘은 다소 촌스러워 보이는 원목 테이블이나 서랍장이 있다면, 언제든지 변신할 준비는 끝난 셈이다. 같은 색감의 토기와 작은 돌 몇 개만 있으면 완전히 새롭게 변신한다.

*Recipe*

기둥선인장, 화분, 조약돌, 이끼

*Information*

꽃 모양이나 잎이 벌어지는 형태, 동그랗게 생긴 구형선인장보다는 다소 뾰죽뾰죽한 느낌의 기다란 기둥선인장 종류가 분위기에 어울린다. 여기에 손바닥선인장(Opuntia ficus-indica P.Miller)도 잘 어울린다. 식용으로도 쓰이고 관절염이나 기침 등에 좋다고 해서 많은 사랑을 받고 있는 손바닥선인장은 우리나라 토종식물임에도 불구하고 색다른 조화를 이룬다.

*How to*

1 포트에 딱 맞는 크기의 화분을 구한 다음, 선인장을 포트째 넣는다.
2 흙 위에 작은 돌이나 모스를 살짝 깔아서 포트가 보이지 않도록 한다.
3 메인이 되는 조약돌을 얹어 포인트를 준다.
4 두세 개를 세팅하여 테이블 위에 장식한다.

*Tip* 작은 선인장이라면 테이블이나 장식장 위에 올려두고 주위 공간을 알맞게 꾸미면 되지만, 다소 크기가 큰 선인장이라면 테이블이나 장식장 옆에 둬야 하므로, 원색적인 무늬의 러그나 매트를 깔아도 어울린다.

# 모던한 스틸 상자 속 미니 선인장

철제는 선인장과 의외로 잘 어울리는 소재다. 특히 작은 미니 선인장이 철제와 만나면 세련되면서도 모던한 느낌을 주기 때문에 아이디어 데코로 활용하기 좋다. 직선의 화기에 일괄적으로 심어 놓으면 통일감과 단정함이 배로 묻어나오므로, 차가운 스틸 화기라면 더욱 효과적이다. 모던함을 강조하려면 유리 테이블 위에 올려두고, 언밸런스한 매력을 높이려면 짙은 우드와 매치시켜보자.

### Recipe
철제 분, 조개껍질, 선인장, 흙

### Information
한 달에 한 번 정도 물을 주는 것으로도 충분하다. 바닥에 구멍이 없기 때문에 한꺼번에 너무 많은 물을 주면 물이 넘치므로 주의하자. 평소 햇볕이 잘 들지 않는 곳에 놔두고 있다면 때때로 빛이 드는 장소로 옮겨 준다. 뿌리가 없는 상태라면 1~2주일 정도 물을 주지 말고 뒀다가 가볍게 물을 준다.
선인장은 가장 커다란 핵심 부위가 아닌 옆의 마디를 떼어내 심어서 번식을 시킬 수 있다. 만약 집에서 키우고 있던 선인장을 잘라 새로 번식시키고자 한다면, 흙을 깔고 비료를 살짝 뿌린 뒤 칼로 잘라낸 선인장을 심으면 된다.

### How to
1 흙을 용기 아래에 살짝 깐 다음, 포트에서 꺼낸 선인장을 조심스럽게 담는다.
2 선인장 사이사이에 흙을 넣어 빈 공간이 없도록 잘 메운다.
3 작은 조개껍질을 위에 얹어 장식한다.

Tip 꽃의 색과 매치되는 패브릭을 화병 아래 깔거나 어울리는 색깔의 인테리어 소품을 옆에 두면 분위기가 한층 살아난다.

# Part 4
## 화려한 색채와 향기, 꽃으로 만든 정원

강렬한 색감과 달콤한 향기로 보는 이를 자극하는 것이 바로 꽃의 매력이다. 특히 집 분위기를 로맨틱하게 바꾸고 싶을 때나 화사한 공간 연출을 원할 때 효과 만점 아이템이다. 갑작스런 손님 접대나 대청소를 한 뒤라면, 꽃으로 만든 갖가지 정원으로 마무리를 지어보면 어떨까. 또한 마음을 전하는 선물을 하고 싶다면, 정성을 담아 만든 바구니나 다발로 받는 이를 감동시킬 수 있다. 이 장에서 소개하는 다양한 플라워 정원을 만나보자.

# 허브로 만든 꽃바구니

특별한 꽃 선물을 하고 싶거나 집안 분위기를 산뜻하게 바꾸고 싶다면 허브를 이용한 꽃바구니를 만들어보자. 만약 허브를 메인으로 하고 싶다면, 바구니 바닥에 컨트리풍 패브릭을 깔고 허브 화분을 여러 개 넣으면 된다. 바구니 둘레와 빈 공간에 적당히 꽃송이를 장식하면, 허브의 신선한 향과 달콤함 꽃 향기를 동시에 느낄 수 있다.

*Recipe*

화기, 오아시스(플로랄 폼), 허브(로즈마리), 장미(헤븐, 일레오스), 맨드라미, 백묘국, 왁스플라워, 소국, 리시안서스, 아이비, 수박필레아(Pilea Cadierei Gaget), 라피아(노끈)

*Information*

꽃에 있어서 결코 빠질 수 없는 것이 바로 오아시스(플로랄 폼)이므로, 올바른 사용법을 알아두도록 하자. 건조 상태의 오아시스는 물속에 넣어 충분히 물을 흡수하도록 한 다음 사용해야 한다. 우선 오아시스를 물에 담가 그냥 가라앉도록 둔다. 억지로 물속으로 밀어 넣거나 윗부분에서 물을 뿌리면 오아시스 속까지 물을 골고루 흡수할 수 없기 때문에, 충분한 양의 물을 준비해 스스로 스며들어 가라앉도록 두는 것이 좋다. 오아시스 1블록에 약 5~10분 정도 담가두는 것이 가장 적절하다. 오아시스를 사용할 때는 가능한 화기 크기에 맞춰 잘라야 하는데, 여러 조각을 내는 것보다는 한 조각으로 잘라서 이용해야만 꽃의 수명이 오래 갈 수 있으므로, 칼로 오아시스의 단면을 조금씩 잘라내면서 크기를 조정한다.

*Tip* 꼭 허브로만 장식할 필요는 없다. 크기가 조금 큰 잎을 화분이나 바구니 주변에 돌려 붙여주면 좀 더 자연에 가까운 분위기를 연출할 수 있다.

*How to*

1 원하는 크기의 화기를 고른 다음 물에 담가두었던 오아시스를 크기에 맞게 잘라 넣는다.
2 꽃의 줄기를 사선으로 잘라 오아시스에 꽂는다.
3 화분 둘레를 약간 여유 있게 라피아로 묶는다.
4 라피아 안쪽으로 허브 잎을 돌려가며 화기 주변을 채워준다.

# 나만의 토피어리, 꽃을 묶은 테이블 정원

아주 짧은 시간에 만들 수 있어 효율적인 깜짝 토피어리. 꽃송이나 줄기 부분을 고정시켜서 금방 시들어 보이지 않고, 토피어리의 모양을 오래 유지 할 수 있다. 많은 사람들이 좋아하는 만큼 나만의 개성을 살린 토피어피로 정원을 장식할 수 있다. 책상 위가 심심해 보이거나 창가가 허전할 때 잠시 짬을 내어 만들어보자.

### Recipe

토분, 오아시스(플로랄 폼), 이끼, 플로랄 테이프, 어드벤처, 아네모네, 아이비

### Information

오아시스를 이용한 토피어리다. 이끼가 마르지 않도록 분무기로 틈틈이 물을 뿌려주면 일주일 이상 싱싱한 상태를 유지할 수 있다. 흔히 오아시스를 이용한 토피어리는 결혼식이나 약혼식 등의 파티에 테이블 센터피스로 많이 활용하는 만큼, 갑작스런 손님 접대에 활용하기에도 적당하다.

### Tip

화이트나 옅은 핑크 등 색깔이 연한 꽃을 사용하는 경우에는 하늘거리는 레이스나 옅은 꽃무늬 매트 등을 이용하여 로맨틱한 분위기를 살리고, 짙은 빨강이나 보라같이 원색 계통의 꽃을 사용할 때는 깜찍한 소품을 이용하여 보다 발랄할 분위기를 연출할 수 있다.

### How to

1 줄기 윗부분을 플로랄 테이프로 묶어준다.

2 아이비 끝부분이 아래쪽으로 향하도록 하면서 꽃다발 줄기를 감는다.

3 아이비 밑 부분 줄기와 꽃의 밑 부분 쪽도 플로랄 테이프로 약 2cm 정도 감아준다.

4 완성된 꽃은 오아시스 중앙에 꽂고, 오아시스 윗부분에는 젖은 이끼를 얹는다.

# 받고 싶은 꽃다발, 주고 싶은 꽃다발

리본이나 부직포로 감싼 꽃다발이 아닌 좀더 특별한 꽃다발을 원한다면, 무채색으로 포인트를 주는 것도 좋다. 강렬한 원색 계통의 꽃을 이용하고, 검은색으로 포인트를 주면 로맨틱한 꽃다발과는 다른 특별함이 묻어난다. 둘만의 날, 기억에 남는 꽃다발을 주고 싶다면 꼭 시도해볼만한 아이템이다. 친구나 후배 생일 또는 뭔가 기쁜 일이 있을 때 축하 선물로 준다면 모던함 감각을 인정받을 것이다.

### Recipe

검은색 포장지, 영자 신문이나 포장지, 라피아, 고무줄, 케이블밴드, 장미(블랙뷰티), 덴파레, 카라, 안수리움(Anthurium), 유카덴드롬

### Information

꽃다발을 받는 이의 정보를 미리 알아두면 좋다. 성별, 나이, 직업 또는 성격을 파악해 상황에 맞는 꽃다발을 만들어보자. 예를 들어 검붉은 색을 지닌 블랙뷰티나 벨벳색의 유카덴드룸은 정열적이면서 절제된 아름다움을 느끼게 하므로, 젊은 층에 좀더 어필하는 아이템이다.

### Tip

우리 주위에 있는 것들을 포장에 이용해보는 것이 어떨까? 예를 들어 영자 신문이나 멋진 포스터 종이, 스카프나 목도리, 털모자 등 생각의 틀만 바꾸면 너무도 좋은 아이템이 무궁무진하다. 쿠킹호일까지도 보물이 될 수 있다.

### How to

1 영자 신문을 약 5×40cm 크기로 15장 정도 잘라 놓는다.

2 밑 부분을 정리한 후 꽃다발을 만든다.

3 완성된 다발을 검은색 포장지로 두른 후, 잘라놓은 영자 신문을 꽃 주위에 돌려가며 붙여 잡아준다.

4 라피아로 자연스럽게 묶어준다.

# 불빛이 반짝이는 로맨틱 캔들 정원

집안 분위기가 썰렁하게 느껴지거나 연애 시절의 달콤쌉싸름한 감성을 다시 한 번 느끼고 싶을 때는 은은하게 집을 밝혀줄 캔들 정원을 만들어보자. 우윳빛 캔들을 메인으로 해서 청순한 프리지어와 화이트 리시안서스가 조화를 이루면 말 그대로 사랑스런 캔들 정원이 완성된다. 신혼 집들이 선물로도 알찬 아이템이다. 로맨틱한 분위기가 저절로 샘솟아 그 어떤 선물보다 빛을 발할 것이다.

### Recipe

작은 토분, 오아시스, 초, 이쑤시개, 플로랄 테이프, 장미(밀바, 키위, 테이네), 리시안서스, 프리지어, 유카리, 편백, 미니 유카덴드룸

### Information

리시안서스의 꽃말은 '변치 않는 사랑'이다. 가장 완벽하게 로맨틱한 분위기를 연출하려면 꽃말 하나하나에도 세심한 배려가 필요한 법이다. 기왕이면 '사랑'과 '행복'을 꽃말로 삼고 있는 꽃들을 이용하자.

리시안서스는 약(비료)이 다른 꽃보다 아주 많이 묻어 있기 때문에 꽃을 만지고 나면 바로 손을 씻는 것이 좋다. 손을 닦지 않고 눈, 얼굴을 비비거나 입에 대는 행동은 삼가자.

### Tip

조그마한 캔들 정원을 여러 개 만들어 곳곳에 장식하는 것도 좋고, 조금 커다랗게 하나를 만들어 식탁이나 침실 협탁 옆에 둘 수도 있다.

### How to

1. 아래를 플로랄 테이프로 감은 초를 준비한다.
2. 오아시스를 화기의 크기대로 잘라서 안에 넣는다.
3. 이쑤시개를 초 밑 부분에 3~4cm 정도 붙여 초를 오아시스 중앙에 꽂아준다.
4. 모든 세팅이 끝나면 돌려가며 꽃을 꽂아준다. 꽃이 너무 초 가까이 있지 않도록 주의한다.

# 조개껍질을 담은 플라워 정원

투명한 유리병에 꽃을 꽂는 일은 어린 시절부터 항상 봐오던 꽃꽂이의 정석이다. 그러나 어떤 방법과 색상으로 매치시키느냐에 따라 다양한 스타일을 연출할 수 있는 게 최고의 묘미다. 작은 물병에 소담하게 꽂아 아기자기한 느낌을 주거나 기다란 물병에 한두 가지만 꽂아 심플함을 살리는 등 방법은 무궁무진하다. 조금 큼직한 물병에 풍성하게 담아 심심한 거실 테이블에 생동감을 주자.

### Recipe

유리 화기, 조개 모양의 여러 가지 장식품, 장미(브라이탈핑크), 양란(판다), 블루스타, 유카리 포프러스 (populus)

### Information

꽃잎이 물속에 들어가면 물이 빨리 변질되어, 줄기가 빨리 썩고 물속에서 악취가 나는 등의 문제가 발생한다. 결국 꽃이 빨리 시들어 버리므로, 꽃 밑 부분을 깨끗이 정리한 다음 병에 담도록 하자. 물은 하루에 한 번씩 꼭 갈아준다.

### Tip
시원시원한 분위기를 좀더 살리기 위해서는 블루나 보라 계통의 꽃으로 포인트를 줄 수 있다. 어울리는 소품 한두 가지로 바닷가 풍경을 연출해보는 것도 재미있을 듯하다.

### How to

1 준비한 꽃들을 밑 부분부터 깨끗이 정리한다.
2 물에 직접 넣는 것이기에 얇은 잎들이 섞이거나 눌리지 않게 준비한다.
3 적당한 볼륨으로 준비되면 꽃병의 깊이나 넓이에 맞게 잘라 병속에 넣어준다.
4 조개들을 깨끗이 씻어 병속에 줄기가 보이지 않게 병 표면을 장식해준다.

# 녹색 향이 싱그러운 잎새란 정원

요즘에는 벽 한쪽에만 시트지나 벽지, 파벽돌이나 데코타일을 발라서 포인트를 주는 경우가 많다. 집 전체를 바꾸려면 거창한 공사가 되기 십상이지만, 한쪽 벽만 자유롭게 두면 그때그때마다 자신이 원하는 스타일을 손쉽게 연출할 수 있다. 만약 벽이나 식탁 테이블에 데코타일을 붙여 변화를 시도했다면, 잎새란을 응용해보자. 허전한 공간에 이용하면 화사한 이미지를 만들 수 있다.

*Recipe*

4각 유리볼 4개(각 높이가 다른 것), 거베라, 카라, 잎새란

*Information*

화기가 비싸고 화려하다고 해서 무조건 좋은 것이 아니다. 무엇을 어떻게 이용하느냐에 따라 멋진 변신을 할 수 있다. 특히 여러 개의 유리 화기를 이용할 때, 같은 크기의 화기를 이용하면 심플한 느낌이 나고 크기가 다른 것을 매치시켰을 때는 기하학적인 느낌을 연출할 수 있다.

거베라는 꽃꽂이용으로 많이 활용되는 식물이지만, 공기 중의 유해한 화학 물질을 제거하는 효과가 입증되면서 화분에 기르는 실내원예용으로도 각광받고 있다.

*Tip* 꽃과 잎의 색에 맞춰 유리볼 안에 다양한 소재를 넣을 수 있다. 흰색 작은 돌이나 투명한 파란빛 구슬 등을 넣으면 색다른 느낌이 난다. 특히 주위 공간이 타일로 된 벽이나 테이블이라면 시원한 느낌이 어우러져 한결 멋스럽다.

*How to*

1 잎새란을 많이 준비한다. 잎새란을 자르는 가위는 날이 잘 든 것을 사용한다.
2 화병의 높이대로 잎새란의 높이를 다르게 자른다.
3 4각 유리 화기가 채워지도록 여유 있게 잘라둔다.
4 사이즈와 높이별로 자른 잎새란을 유리 화기 안에 넣는다. 어느 정도 채워지면 거베라와 카라를 키 높이에 맞춰 화병에 꽂아 간단하게 완성할 수 있다.

# 화이트 플라워 상차림

어디론가 멀리 여행을 떠나고 싶을 때나 뜨거운 태양에 지친 열대야의 밤, 친한 친구들과 미니 파티를 해보면 어떨까. 바다를 연상시키는 소라껍질과 푸른빛 접시, 열대우림의 나뭇잎과 하얀 꽃에는 화려함이 절제된 이국의 냄새가 난다. 맛있는 저녁식사는 빠질 수 없는 필수코스다. 함께 이야기를 나누며 웃고 떠들다 보면, 일상의 피곤은 싹 사라지고 한여름의 무더위는 어느덧 저 멀리 떠날 것이다.

### Recipe
오아시스, 몬스테라 잎, 덴파레, 흰수국, 장미(테이네)

### Information
같은 꽃끼리 모아서 그루핑(Grouping)을 지어보자. 같은 꽃끼리 뭉쳐 꽂으면 화사한 꽃의 존재를 더욱 확실히 느낄 수 있어 아름답다. 또한 그루핑된 꽃을 하나로 뭉쳐주는 커다란 잎은 장식용으로도 효과 만점이다. 몬스테라 잎의 경우 이국적인 느낌을 주기 위해 장식용으로 사용하기 알맞다. 만약 주위에서 구할 수 없다면, 다소 널따란 느낌의 잎을 이용하도록 하자.

### Tip
어울리는 소품 한두 가지만 있어도 고상하고 신비로운 느낌의 에스닉 스타일을 연출할 수 있다. 예를 들어 그릇이나 접시를 선택할 때는 너무 강렬한 색상보다는 차분하면서 소박한 느낌을 주는 보색끼리 매치시켜보자.

### How to
1. 기본 플라스틱 화기에 젖은 오아시스를 담는다.
2. 몬스테라 잎을 한쪽에 꽂아준다.
3. 덴파레와 장미를 모두 같은 것끼리 모아 존재감 있게 꽂는다.
4. 모든 장식이 끝나면 식탁 중앙에 세팅한다.

# 노란 꽃이 향긋한 포인트 상차림

고급스럽고 모던한 인테리어에 어울리는 분위기다. 특히 어떤 꽃을 꽂느냐에 따라 분위기가 확연히 달라진다. 잎새란을 둥글게 말아 시선이 오갈 수 있는 공간을 남겨두기 때문이다. 식탁 테이블 위에 두기도 좋은 아이템이다. 봄바람이 따뜻하게 느껴질 때쯤, 집안 분위기를 화사하게 바꾸고 싶다면 노란 장미나 프리지어 등을 이용해서 향기롭고 따사로운 식탁을 차려보자.

### Recipe

4각 유리병, 오아시스(플로랄 폼), 장미(일레오스, 밀바), 잎새란

### Information

유리 화기 속에 들어 있는 오아시스가 보이면 안 된다. 이를 위해 유리 화기와 오아시스 사이에 잎새란을 끼워넣어, 유리 화기 밖으로는 잎새란만 보이도록 연출하는 것이 포인트다. 또한 완벽하게 오아시스를 가리기 위해서 유리 화기 아래에 커다란 잎이나 패브릭을 깐다.
화기 속에는 둥글게 말린 잎새란을 군데군데 먼저 꽂아서 위치를 잡은 후, 작은 잎이나 꽃을 이용해 빈 공간을 없앤다.

### How to

1 물에 담가두었던 오아시스를 유리 화기에 맞게 잘라 넣는다.
2 잎새란을 화기 높이에 맞춰서 잘라 끼운다.
3 4면을 전부 끼우면 잎새란의 부드러운 부분을 돌돌 말아 스테이플러를 이용해 고정시킨 후 꽂는다.
4 잎새란 사이사이에 잎이 달린 장미를 짧게 잘라 꽂는다.

*Tip* 식탁 테이블 위에 꽃을 둘 때는 공간을 너무 많이 가리지 않도록 주의한다. 함께 식사하고 이야기를 나누는 사람의 얼굴이 보일 수 있도록, 너무 키가 큰 꽃이나 잎은 피하는 것이 좋다.

# 사랑을 담은 플라워 바구니

나이가 들어도 어버이날 드리는 카네이션만큼은 잊어서는 안 된다. 매번 드리는 빨간 카네이션이 다소 식상했다면, 이젠 고마움의 마음에 정성을 더해 더욱 예쁘고 세련되게 만들어보자. 다양한 색상을 가진 카네이션을 예쁜 바구니에 담고 감사의 메시지 카드를 넣으면, 손수 만든 정성에 감동도 두 배가 된다. 굳이 거창할 필요가 없다. 작은 바구니만으로도 그 마음은 전해질 것이다.

### Recipe

4각 바구니, 오아시스(플로랄 폼), 카네이션, 스프레이 카네이션, 유카리 포프러스, 은엽, 왁스플라워

### Information

다양한 색상과 질감을 가진 특이한 디자인의 바구니를 쉽게 볼 수 있다. 맘에 드는 디자인을 선택한 다음, 그에 맞춰 꽃을 얼마만큼 어떻게 꽂을 것인가를 결정해보자. 바구니라는 아이템은 소박하고 내추럴한 느낌을 주기 때문에 꽃 또한 화려하고 고가인 것보다 자연스럽고 소박한 느낌이 어울린다. 들에 핀 꽃을 따서 바구니에 담는 그런 느낌은 어떨까 싶다. 꽃을 꽂을 때는 꽃의 높이를 일정하게 꽂기보다는 높고 낮음을 달리하면 더욱 좋다.

### How to

1. 준비한 4각 바구니의 옆면까지 올라오도록 비닐을 깐다.
2. 물에 담가두었던 오아시스를 바구니 크기에 맞춰 잘라 넣는다.
3. 세팅된 오아시스에 4면을 돌려가며 골고루 꽃을 꽂아준다.
4. 예쁜 메시지 카드에 남다른 메시지를 써보자.

*Tip* 메시지 카드를 어떤 것으로 선택하는가도 꽃바구니의 느낌을 다르게 만든다. 네이밍 카드처럼 조그만 카드를 넣으려면 나뭇가지나 굵은 줄기 사이에 끼워 넣어도 어울린다.

# 맑고 투명한 워터 꽃잎 정원

가장 쉬운 방법으로 아름답게 꾸미는 미니 정원이다. 꽃을 이야기할 때 병이나 오아시스에 꽂는 방법보다 더 쉬운 게 있다면, 꽃송이를 잘라서 물에 띄우는 것이다. 단지 그것만으로도 꽃의 아름다움을 최대한으로 표현할 수 있다. 젠 스타일의 느낌을 살리려면 얕은 질그릇이나 찻잔을 이용해서 색감과 질감을 살리고, 모던 감각을 살리려면 투명한 유리볼과 소품을 이용해 단정함을 강조해보자.

### Recipe
넓은 질그릇의 볼, 여러 가지 꽃송이들

### Information
물을 채운 수반이나 항아리 화기에 다양한 소재를 띄우는 워터 정원. 유리로 된 화기를 이용하려면 깊이감이 있는 화기를 선택해서 투명한 물의 느낌을 강조하고, 수면이 깊게 보이도록 연출한다. 이럴 때는 짧게 잘라도 안정되어 보이는 것을 적은 양으로 사용해야 효과적이다. 물과 잘 어울리는 꽃에 구애받지 말고 주변에 있는 소재를 적극적으로 사용해보자. 높이가 낮은 접시나 유리그릇, 화채그릇은 한두 송이로 깔끔함을 살린다.
물에 띄우는 꽃은 거베라, 국화, 덴파레, 아네모네, 라넌큐러스 등 가볍거나 송이가 얇고 넓은 것이 적당하다. 여기에 주방이나 베란다에서 자라는 허브의 잎을 함께 띄우면 은은한 허브의 향이 함께 퍼져 좋다.

### How to
1. 꽃송이와 함께 띄울 잎을 미리 준비한다.
2. 꽃송이 윗부분만 잘라서, 적당히 물에 띄운다.
3. 허브 잎이나 작고 동그란 느낌을 주는 잎을 함께 띄운다.
4. 꽃과 잎을 다 띄우고 모든 장식이 끝나면 테이블이나 식탁 위에 세팅한다.

*Tip* 젠 스타일을 살리려면 비단이나 모시 등 동양적인 느낌의 패브릭을 함께 이용하면 좋다. 반대로 투명한 유리를 이용할 때는 가급적 물의 투명함을 한껏 살릴 수 있는 블루 계통의 색감을 사용한다.

부록 | **집에서 식물 키우기**

## ■ 집에서 식물을 키운다는 것

인류의 문명 발달과 동시에 각박한 삶의 현장에서 사람들은 긴장과 스트레스에 노출되어 있다. 이를 탈피하기 위한 방법론이 끝없이 개발되기도 하지만 그래도 이 문제를 가장 적절히 극복할 수 있는 것은 푸르름과 녹색을 가진 자연 그대로의 식물일 것이다. 웰빙이 삶의 중요한 부분인 이 시대에 우리는 입으로 먹는 음식과 더불어 실내 환경과 공기도 신중히 고려해야 한다. 냉난방 용품 또는 냉장고나 세탁기가 가정에 필수인 것처럼 이제는 식물 자체가 삶의 필수품이라 생각하자. 따라서 화훼, 원예, 식물에 대한 정보나 상식을 알아두는 것은 바로 웰빙의 삶 그 자체를 즐길 수 있는 길이라 할 수 있다. 특별한 테크닉이나 기술을 요하기보다는 성실하고, 근면한 마음으로 사랑을 줄 때, 보는 이로 하여금 즐겁고 행복한 관상이 되는 것이다. 식물 또한, 자신을 키워주고 보살펴주는 사람을 기억한다. 키우는 사람의 한마디 말과 손길에 행복해하고 즐거워한다. 사실 식물을 기른다는 것은 그렇게 어려운 일이 아니다. 작은 정성과 배려로 보살피면 그 몇십 배가 되는 기쁨을 안겨줄 것이다.

## ■ 식물 물 주기

물을 과다하게 주는 것에 주의하도록 하자. 뿌리나 잎은 수분뿐만 아니라 공기도 필요로 한다. 수경재배가 가능하지 않은 대부분의 식물들은 뿌리가 물에 너무 젖어 있으면 죽어버리고 만다. 물을 줄 때는 화분의 토양을 만져보고, 마른 듯할 때 수분을 공급하는 것이 중요하다. 많은 사람들이 착각을 하는 부분이 있는데, 식물이 있으면 가습기가 필요 없다는 것이다. 대부분의 식물이 수분을 필요로 하기 때문에, 가습기는 인간뿐만 아니라 식물들에게도 이로운 존재다. 장마철에 더욱 푸르름을 발하는 식물들의 모습을 연상해보면 될 것이다.

* 식물들도 친구를 좋아한다
  식물을 여기저기 놓고 키우는 것보다는 한 곳에 모아서 배치하는 것이 올바른 방법이다. 함께 있을 때 식물 간의 살아 있는 교감이 이루어져 잘 자라며, 보기에도 좋다.

* 식물들도 이사를 시켜주자
  약 두 해가 지나면 분 안에 있는 식물의 뿌리가 화분 안에 꽉 차게 된다. 하나의 화분에서 오래 자란 식물은 생육이 좋지 않아 잎이 탈색되거나 건조해져 미관상 보기 안 좋기 때문에, 조금 넓은 화분을 이용해 분갈이를 시켜주자.

* 옮겨 심을 때 주의해야 할 것
  열대 지방의 식물들은 화분갈이를 여름에 한다. 실내 온도가 일정한 장소는 문제가 없지만 온도가 15도 이하인 곳에서는 식물 자체의 적응력이 떨어지므로 온도차가 심한 환경에서의 분갈이는 적절하지 않다.

## ■ 원예학적 분류

식물은 그 특징에 따라 아래와 같이 분류할 수 있는데, 같은 그룹끼리는 비슷한 생육 환경을 지니고 있는 경우가 많으므로 참고로 하면 좋다.

* 1년 초화
  1년 동안 살아 있는 초화를 의미한다. 과꽃, 나팔꽃, 맨드라미, 코스모스, 해바라기, 봉선화 등이 있다.

* 2년생 초화
  가을에 피고 다음 해까지 살아 있는 초화를 말한다. 석죽, 안개초, 접시꽃, 팬지 등이 있다.

* 다년생 초화
  종자 파종에 의해 해마다 죽지 않고, 봄이 되면 다시 살아나는 식물이다. 접란, 피토니아, 칼라데아, 칼랑코에, 안수리움(Anthurium), 거베라, 옥잠화, 루드베키아, 기린초, 아이리스 등이 있다.

* 노지 관상화목류
  노지나 정원에서 자라며 꽃이 피는 식물이다. 개나리, 진달래, 매화나무, 명자나무, 목련, 무궁화, 철쭉, 장미, 벚나무 등이 있다.

* 관엽식물
  관엽식물이 정확이 뭘까를 궁금해하는 사람들이 많은데, 꽃보다 잎을 주로 관상하는 식물을 의미한다. 고무나무류, 러브체인, 렉스 베고니아, 드라세나, 몬스테라, 벤자민, 안디아룸, 엽란, 파키라, 스킨다프서스, 싱고니움, 셰플레라 홍콩, 크로톤, 피토니아, 필로덴드룸 등이 있고, 열대 식물이 많다.

* 관경식물
  줄기의 색이 아름다워 줄기를 관상하는 식물이다. 대나무류, 선인장류, 속새풀, 식나무 등이 있다.

* 관실식물
  아름다운 열매를 관상하는 식물이다. 석류나무, 자금우, 백량금, 피라칸사, 모과나무, 귤나무, 유자나무 등이 있다.

* 다육식물
  식물의 줄기나 잎이 육질로 비대화된 식물이다. 선인장은 다육식물의 대표적인 종류이며, 녹영, 돌나물과, 산세베리아, 선인장류, 모과나무, 귤나무, 유자나무 등이 있다.

* 수생식물
  물 속에서 자라는 식물이다. 수련, 연꽃, 워터칸나, 파피루스, 부평초, 어리연꽃, 개연꽃 등이 있다.

* 난과식물
  난초과의 식물을 말한다. 크게 동양란과 서양란으로 나눌 수 있으며, 깅기아눔, 나도풍란, 밀토니아, 바닐라, 반다, 복주머니꽃, 새우란, 심비디움, 오돈토글로숨, 온시디움, 캬틀레라, 팔라에노프시스, 파피 등이 있다.

* 고산식물
  고산지대에서 자생하는 식물이다. 금강초롱, 새우난초, 설앵초, 산솜다리, 시로미, 에델바이스 등이 있다.

* 식충식물
  벌레를 잡아먹고 사는 식물이다. 네펜데스, 드로세라, 끈끈이주걱, 사라세니아 등이 있다.

* 방향식물
  식물체의 잎이나 꽃에서 향기가 나는 식물을 말한다. 로즈마리, 박하, 야래향, 서향, 천리향, 치자, 펠라고니움 등이 있다.

## ■ 식물을 이용한 실내장식

식물은 실내를 장식할 수 있는 가장 신선한 소재다. 따라서 어떤 장소에 어느 식물을 장식할 것인가를 잘 선택해서 배치하도록 하자. 사실 요즘은 어느 집에 가더라도 똑같은 위치에 식물을 배치하는 경우와 정리가 안 된 방방곡곡(여기저기 정신없이 화분을 놓는 것)형의 배치를 흔히 볼 수 있다. 그러나 가구의 분위기나 벽지, 커튼, 바닥의 디자인을 잘 관찰하여 분위기에 맞는 화분의 디자인과 크기, 양을 조절하면, 식물과 조화를 이룬 인테리어를 만날 수 있다. 물론 가장 기본적으로 챙겨야 할 것은 빛과 온도, 습도라는 것을 고려해야 한다.

* 온 가족이 모이는 거실
  대형 관엽식물을 두기에 가장 적합한 장소다. 가족들의 동선에 불편함이 없는 선에서 소파나 커튼의 디자인을 고려한다. 베란다와 거실을 연결할 수 있는 디자인도 매우 효율적이다.
  ex 야자류, 파키라, 떡갈나무, 필로덴드룸, 행운목 등

✱ **기본적인 생활공간, 방**
 하루의 피곤함을 잊고 쉴 수 있는 공간이기에 대형 식물보다 은은하고 정신 건강에 좋은 식물을 선택한다.
 ex. 스파티필룸, 산세베리아, 히아신스 등

✱ **청결함의 공간, 욕실**
 습하고 빛이 없으며 화장실을 겸하기 때문에 때론 악취가 나는 공간이다. 음지식물 중 하나를 선택하는 것이 좋다.
 ex. 싱고니움, 아이비, 개운죽, 관음죽 등

✱ **가족의 건강을 책임지는 주방**
 주방은 주부들의 일터이기도 하지만 가족의 건강과 행복을 만들어주는 공간이기에 관상하기 좋으며 요리 재료로도 쓰일 수 있는 식물이 적당하다.
 ex. 허브류, 아디안텀, 고사리류, 선인장류 또는 꽃이 피는 1년생 초화

## ■ 관엽식물 알아두기

관엽식물은 대부분이 열대에서 자란다. 잎의 모양, 줄기의 생김새가 특이해 주로 실내 관상용으로 많이 찾는다. 옥외 조경용이 아닌 실내용으로 공간을 꾸미거나 보는 데 적합하다.

### 〈관엽식물 가꾸기에 필요한 것들〉

✱ **빛** • 관엽식물의 대부분은 반음지, 반그늘 상태에 간접적으로 비치는 빛을 좋아한다. 무조건 식물은 빛을 좋아할 것이라는 상식은 옳지 않다. 파라솔 밑이나 그늘진 곳이 가장 적당하다.

✱ **온도** • 봄에서 가을까지의 온도는 관엽식물 자생 기후와 흡사하므로 많은 주의가 필요하지 않으나, 온도가 급격히 떨어지는 겨울이 되면 실내로 옮기거나 난방을 철저히 해서 키워야 한다. 가정이 아닌 상업 공간, 즉 사무실이나 상가 같은 장소에 사람이 없을 경우에 난방이 되지 않기 때문에 난방기구나 보온을 위한 방법을 찾도록 해야 한다.

✱ **습도** • 관엽식물은 고온다습한 곳을 좋아한다. 이 때문에 비가 많이 오는 봄이나 여름에는 관엽식물이 비교적 잘 자라는 편이지만, 겨울철 난방이 필요한 계절에는 환기가 잘 안 되고 수분이 부족하므로 가습기나 분무기를 이용해 충분한 수분을 공급해줘야 한다.

〈관엽식물 가꾸기에 필요한 것들〉

✽ 물 주기 • 대부분의 관엽식물은 고온다습한 것을 좋아한다. 그러나 식물이 놓인 장소나 종류에 따른 물 주기는 약간의 차이가 있다. 예를 들어 푸르고 잎이 큰 식물(몬스테라, 필로덴드롬, 관음죽, 팔손이 (Japanese aralia, fatsia Japonica) 등)은 물을 충분히 주면서 가꿔도 잘 자라지만 건조한 상태로 관리해야 하는 식물(산세베리아, 산케지아 노빌리스, 종려죽, 테리스, 은행목 등)도 있다. 물을 줘야 할 시기를 가장 손쉽게 알 수 있는 방법은 화분의 토양을 만져보고 1cm 정도 토양이 말랐다고 생각될 때이다. 화분 배수구로 물이 흐르도록 충분히 주도록 한다.

✽ 계절별 물 주기 • 봄에는 3일에 한 번씩 밑으로 흐를 정도로 물을 주고 여름에는 1일 1회 정도로 주되, 무더운 날에는 1일 2회 정도 잎 부분에도 수분을 공급해준다. 가을에는 봄과 동일한 방법으로 물을 주며, 늦가을은 건조할 수 있으니 1일 1회 정도 잎 부분에 수분을 공급해준다. 겨울에는 대부분 주 1회 정도이고, 난방을 하는 곳은 가습과 수분을 공급한다.

〈관엽 키우기 실패의 원인〉

✽ 녹색의 잎이 갈색으로 변한다 • 직사광선을 직접 쐬는 것은 좋지 않다.

✽ 아랫잎이 말리면서 시들어간다 • 과다한 수분 공급, 해충이 발생했을 때 이런 현상이 나타난다.

✽ 식물에 작은 흰색 뭉치나 거미줄이 생긴다 • 해충이 발생했기 때문이다.

✽ 성장이 잘 되지 않는다 • 수분이나 비료를 과다하게 주었거나, 건조한 환경에서 나타나는 현상이다.

✽ 식물이 갑작스레 시든다 • 건조하거나, 과다한 수분과 비료 공급, 뿌리 손상, 고온 피해, 저온 피해, 직사광선을 의심해봐야 한다.

✽ 새로 자라는 잎이 시든다 • 고온, 건조한 난방 바람이나 건조한 저온의 바람 또는 직사광선 때문일 가능성이 있다.

✽ 잎의 색이 녹색에서 연두색으로 변한다 • 영양이 부족하거나 너무 강한 빛을 쐬었을 때 나타나는 현상이다.

✽ 잎이 누렇게 말라간다 • 해충 발생, 빛의 부족, 과다한 수분 공급, 고온, 영양 부족으로 인해 나타나기 쉬운 현상이다.

## ■ 허브란 어떤 식물일까

허브는 요리와 아로마테라피 등 다양하게 쓰여 집에서도 많이 기르는 식물이다. 허브란 어떤 식물인지 그 특성을 좀더 알아두고, 몇 가지 기본 원칙을 기억하여 보다 쉽게 키워보도록 하자. 허브라는 용어는 기원전 4세기경 그리스의 학자 테오프라스토(Theophrastors)가 식물을 교목(Tree), 관목(Shrub), 초본(Herb) 등으로 분류하면서 처음 사용하였고, 옥스퍼드 영어사전에는 '잎이나 줄기가 식용과 약용으로 쓰이거나 향과 향미로 이용되는 식물'로 정의하고 있다. 근래에는 그 의미가 확대되어 꽃, 줄기, 잎, 뿌리 등에 향이 있어 향수나 요리, 살균, 미용 등의 용도로 이용되는 모든 초본식물을 의미한다. 허브는 동서양을 막론하고 고대부터 이용되어 왔는데 이집트에서는 미라를 만들 때 부패를 막기 위해 허브를 사용한 기록이 있다.

중세인들은 치커리와 로즈마리를 각각 학질과 두통 치료약으로 이용하는 등 허브를 약용으로 사용하다가 점차 향수나 화장품 등 사치스러운 미용 용품으로 쓰이기 시작했고, 그 당시의 주요 생산지인 동양으로부터 허브를 다량 수입했다.

허브라 하면 지중해 연안이나 유럽, 서남아시아 등이 원산지인 라벤더, 로즈마리, 민트 등의 외국 식물만을 생각하기 쉬우나 우리 선조들이 요리와 민간요법으로 이용해온 파, 마늘, 쑥, 창포와 같이 우리에게 너무나도 익숙한 식물도 허브의 일종이다.

허브는 현재까지 우리나라를 비롯한 세계 각지에서 향신료, 약용, 미용 등 다양한 용도로 이용되고 있다.

〈허브 식물의 종류〉

✽ 추위에 강한 허브 • 라벤더, 민트, 타임, 오레가노, 히솝 등

✽ 추위에 약한 허브 • 마조람, 샤프란, 파인애플세이지, 셀프힐, 스위트바질, 제라니움, 펜넬 등

✽ 음지에 강한 허브 • 레몬밤, 차빌, 야로우, 스위트바이올렛 등

✽ 음지에 약한 허브 • 세이지, 타임, 마리골드, 레몬그라스, 레몬버베나, 로즈마리 등

## ■ 허브 기르기의 특징

허브 모종은 가까운 농장이나 꽃집, 그리고 통신판매를 통해서도 쉽게 구입할 수 있다. 종자를 사서 기를 수도 있지만 시간이 많이 걸리고, 적당한 발아 환경을 갖추지 않으면 싹이 나지 않거나 어린 묘가 건강하지 못해 기르기에 실패하는 경우도 있다. 따라서 초보자일 경우에는 모종을 사서 기르는 것이 적당하다. 모종은 잎의 색이 진하고 윤기가 있으며 마디와 마디 사이가 짧은 게 좋다. 또 잎의 수가 많고 줄기가 튼튼하며 화분 바닥의 배수구로 삐져나올 만큼 건강한 뿌리를 가진 것이 좋다. 허브는 햇빛이 잘 들고, 배수가 잘 되며, 바람이 잘 통하는 세 가지 환경만 갖추면 성공적으로 기를 수 있다.

✱ 빛과 온도에 주의

대부분의 허브는 건조한 여름과 따뜻한 겨울이 있는 지중해성 기후에서 자라기 때문에 강한 햇빛을 매우 좋아한다. 실내에서 기를 경우에는 되도록 많은 빛을 받을 수 있는 베란다나 창가 같은 장소에 둬야 한다. 우리나라에서는 봄부터 여름까지 허브가 왕성하게 자라 잎이 무성하고 꽃이 피며 가장 향기가 좋은 시기다. 대부분의 허브는 서리가 내리는 11월 전후로 월동 준비를 해야 하는데, 다년생 허브는 지상으로 나온 부분을 잘라내고 낙엽이나 비닐 등으로 덮어 보온한다.

✱ 허브 물 주기

물 주기는 모든 식물을 기르는 데 있어서 가장 까다롭고 실패하기 쉬운 이유 중 하나다. 허브도 물 주기를 잘못하면 치명적인 영향을 줄 수 있다. 물이 화분 밖으로 나올 정도로 충분히 주는 것이 이상적이나 대부분의 종류가 건조한 환경을 좋아하므로 뿌리가 썩지 않도록 주의한다.

정원에서 재배할 경우에는 건조한 여름철에도 물을 자주 주지 않아도 된다. 하지만 화분 기르기에서는 장소와 배양토 등에 따라 건조 정도가 다르므로 토양을 만져보거나 눈으로 보아 표면의 흙이 건조해지면 물이 흘러 내릴 정도로 준다.

허브를 기르는 데 문제가 되는 시기는 여름 장마철이다. 대부분 허브의 원산지인 지중해 연안은 여름에 비가 거의 오지 않으므로 우리나라의 장마기는 허브 기르기에 최악의 조건이다. 장마기의 고온 다습과 햇빛 부족으로 식물체가 무르거나 약해져 병에 걸리기 쉽다.

따라서 정원에서 기를 경우에는 장마 전에 통풍과 배수에 주의해서 관리해야 하고, 실내의 허브는 장마기에 물주는 횟수를 줄이고 부족한 빛을 보충해줘야 한다. 겨울철에는 물을 적게 주어 건조하게 키워야 추위에 강해진다.

✱ 물빠짐이 좋은 흙 선택

배양토는 허브 기르기의 매우 중요한 환경 요인으로, 물빠짐이 잘 되어 통기성이 좋은 토양을 선택한다. 또 허브는 중성에서 약알칼리성의 토양을 좋아하므로 가정에서는 석회 성분을 함유한 조개껍질이나 달걀껍질을 섞어주는 것도 좋다. 특히 화분 기르기는 화분이라는 한정된 공간에서 가꿔야 하기 때문에 특별히 물빠짐과 통기성을 위해 질석이나 펄라이트 등의 특수 토양을 혼합해서 사용하도록 한다. 정원에서 재배할 경우에는 건조한 여름철에도 물을 자주 주지 않아도 된다. 하지만 화분 기르기에서는 장소와 배양토 등에 따라 건조 정도가 다르므로 토양을 만져보거나 눈으로 보아 표면의 흙이 건조해지면 물이 흘러 내릴 정도로 준다.

✱ 비료는 되도록 적게 사용

다른 원예식물에 비해 비료를 되도록 적게 사용해야 향과 맛이 좋은 허브를 재배할 수 있다. 옮겨 심을 때 비료를 흙에 섞어 밑거름으로 주었으면 추가로 줄 필요는 없다. 특히 더운 여름철이나 식물이 병으로 약해진 상태일 때는 비료를 주면 안 된다. 실내에서 기를 경우에는 물을 줄 때마다 비료 성분이 빠져나가므로 액체비료를 한 달에 1~2회 주는 것도 좋다.

## ✽ 허브에 잘 생기는 병해충

병이나 해충에 강한 것이 허브의 특징이나 부적당한 환경에서 약하게 자라게 되면 피해를 입게 된다. 그러므로 튼튼한 허브로 기르는 것이 병해충을 예방하는 지름길인데, 병해충에 대한 저항력을 높이기 위해서는 허브 각각의 생육 특성을 파악하고 그에 맞는 환경을 조성해주는 것이 무엇보다 중요하다. 병이나 해충의 피해를 입어도 재빠르게 대처하면 피해를 줄일 수 있다.

허브에 주로 발생하는 병해충으로는 입고병, 흰가룻병, 배추벌레, 진딧물 등이 있으며 이것은 기온, 일조량, 통풍 등 관리 문제와 관련된다. 예를 들어 민트류는 칼륨이 부족하거나 통풍이 잘 안 될 때 아랫잎 양쪽에 검은색의 작은 반점이 나타나고 차츰 위쪽으로 확대된다. 이러한 현상이 보이면 바로 잎을 잘라주고, 가지 전체에 발생하게 되면 가지치기를 한다. 바질은 온도가 낮거나 일조량이 부족하면 땅쪽의 줄기나 잎이 검게 말라죽는데 이때 바로 가지치기를 하여 병든 가지를 태워버린다. 차빌이나 민트, 딜 등은 진딧물이나 배추벌레가 봄부터 여름에 걸쳐 발생하는데 꽃이나 잎을 자세히 관찰하여 해충이 보이면 잡아야 한다. 프렌치 매리골드나 로즈마리 등은 살충 효과가 있으므로 정원이나 화분 사이사이에 심어 가꾸면 주위에 있는 허브에 해충이 달라붙지 못하는 효과를 얻을 수 있다.

## ✽ 허브의 번식법

종자로도 번식이 가능하나 삽목, 분주, 취목 등의 영양번식법으로도 손쉽게 번식시킬 수 있다.
- 삽목: 로즈마리, 바질, 민트, 세이지, 라벤더 등
- 분주: 민트, 차이브, 레몬밤, 마조람 등
- 취목: 로즈마리, 세이지 등

## ✽ 수확 및 건조 방법

허브는 수확하여 장기간 보관해두면 필요할 때마다 쉽게 즐길 수 있다. 생육이 왕성한 때에 가장 강한 향기를 지니기 때문에 이 시기에 수확하는 것이 좋고, 2~3일 맑은 날씨가 계속 되는 날 오전 중에 잘라낸다. 꽃이 핀 후 시간이 많이 지나거나 햇빛을 너무 많이 받으면 잎의 정유 함량이 감소하고 향기가 약해진다. 비가 내린 후에 따면 눅눅해서 변색되거나 곰팡이가 생기는 원인이 되므로 절대 피해야 한다.

잘라낸 허브는 물에 깨끗하게 씻고, 물기를 뺀 후 되도록 작은 다발로 만들어 통풍이 잘 되는 시원한 곳에 매달아 자연건조를 시킨다. 종자는 시기를 놓치면 바로 떨어지므로 반 정도 성숙한 시기에 잘라서 수확하는 것이 좋다. 종자를 이용하는 허브에는 딜, 휀넬, 아니스 등이 있다.

## ✽ 허브의 보관

잎이나 종자가 바삭바삭해질 때까지 건조시킨 후, 밀봉용기에 넣기 쉬운 길이로 잘라 햇빛이 닿지 않는 시원한 곳에서 보관한다. 그 안에 건조제를 넣으면 효과적이다. 건조시키면 향기를 잃기 쉬운 바질이나 차이브 등은 신선한 상태 그대로 잘게 썰어 랩에 싸서 냉동고에 보관하는 것이 좋다.

## ■ 주요 화훼시장

### ✽ 구파발 화훼단지

강북 최대 규모의 꽃시장. 가까운 비닐하우스에서 직접 재배하기 때문에 값이 싸다. 한적하고 공기가 맑아서 가족 나들이 코스로도 추천할 만하다. 시중가보다 30% 정도 싸며, 다른 도매 상가에 비해서 덜 붐비기 때문에 여유를 갖고 둘러볼 수 있는 것이 장점이다.

- **교통편** 지하철 3호선 구파발역 하차, 통일로 방면 도보 10분

### ✽ 양재 화훼공판장

규모 2만8천 평의 양재동 꽃시장은 꽃시장만 보면 강남고속터미널 꽃상가보다 작지만 화훼 공판장과 나란히 있고 여러 개의 하우스로 이루어져 이용이 편리하다. 하우스 형태의 분화 매장이 가동, 나동으로 구분되어 있고, 지하 생화매장, 원예자재점, 수족관, 조류, 조경수 등을 구비하고 있다. 장미 10송이가 6천 원~1만 원에 거래되고 프리지어 한 묶음에 1천5백 원~4천 원, 소국 한 묶음에 5천 원~7천 원 정도다. 주차료는 1시간에 7백 원이다. 생화 상가는 평일 새벽 1시~오후 3시까지, 토요일 낮 12시까지 영업하고 일요일은 쉰다. 대표적 화기 전문업체로 신신화훼(02-575-6724), 소품 및 정원용품 업체로 왕농사(02-579-5083)가 있다.

- **교통편** 지하철 3호선 양재역 7번 출구(성남 방면)→성남 과천 방향 버스(일반,좌석,마을)를 타고 양재동 꽃시장에서 하차 / 안양 인덕원 4거리에서 성남 방향으로 342번 지방도로 따라 좌측

### ✽ 강남 꽃 도매 상가

2~4층까지 꽃상가이며 도매 중심의 3, 4층은 밤 12시부터 낮 1시까지 영업한다. 일반적으로 시중가보다 30~50% 싸다고 보면 되지만 3층은 도매상가이기 때문에 꽃 한두 송이와 같이 낱개로 살 때는 시중가와 큰 차이가 없다. 5만 원 이상 구입하면 수도권 지역은 무료 배달을 해주며 전화 주문을 하면 3시간 안에 원하는 곳에 배달이 된다. 매주 수요일과 금요일에 새로운 상품이 들어오므로 참고하자.

- **위치** 지하철 3호선 강남 고속버스터미널 강남 꽃상가 2~4층
- **영업 시간** 매주 일요일 휴무, 동시 주차 7백여 대 가능, 요금은 1시간 2천 원
- **문의** 02-535-9898

### ✽ 한그린 원예 전문 백화점

조경에 관한 모든 것을 판매하는 원예 전문 백화점이다. 꽃씨부터 조경 도구까지 원스톱 쇼핑이 가능하다. 지하 1층은 가드닝 스토어로, 갖가지 씨앗과 농약, 영양제, 삽, 땅고르개, 정원가구, 실내장식용 항아리 등 50여 가지의 소품을 갖추고 있다. 1층 플라워숍에서는 자생난, 동양난, 서양난, 야생화는 물론 수입 화초까지 다양한 꽃들이 있다.

- **위치** 양재역에서 양재화훼시장 가는 길 중간 왼쪽
- **영업 시간** 오전 10시~밤 11시, 일요일 휴무, 주차 무료
- **문의** 02-3461-3461

✳ **경기화훼농협 플라워마트**

일산 방향 3호선 종착역인 대화역 부근의 고양농산물종합유통센터 내에 있다. 600평 규모의 현대식 건물로 정찰제를 실시하고 있다. 화분과 리본, 거름, 영양제 등 화훼 관련 제품까지 구입할 수 있는 '원스톱 쇼핑제'가 특징이다. 프리지어는 한 묶음에 1천 원~2천5백 원에 거래되고 있으며 양란인 호접란은 5천 원~1만 원대다. 오전 9시부터 오후 8시까지 문을 열며 주차는 무료다.

✳ **서서울 화훼유통**

경기 광명시 노온사동에 자리 잡고 있으며 2000년경부터 수도권 주민들이 많이 찾는 명소로 떠올랐다. 1만5천여 평 규모의 화훼단지에는 모두 160여 점포가 있다. 선인장 비화목은 7천 원~1만 원선에 거래되고 있고, 향기 좋은 히아신스는 1천 원~3천 원, 아카도는 7천 원~2만 원선이다. 도매상들의 거래가 오전에 이뤄지기 때문에 일반 소비자들은 오후에 가면 여유를 갖고 쇼핑을 즐길 수 있다. 제2경인고속도로 광명IC로 빠져나오면 바로 도착할 수 있다. 대중교통을 이용할 경우 전철 7호선 광명역에서 내려 버스로 20분가량 가면 된다.

✳ **인천 서구지역 화훼단지**

인천 서구 공촌, 연희동 일대에 100여 가구의 화훼농이 있다. 이들 농가에서 화훼를 공급받아 일반 소비자에게 판매하고 있는 비닐하우스 단지는 계양산 방향으로 넘어가는 인천 외곽순환도로변과 인천시 양묘관리사업소 인근 등에 10~20동씩 몰려 있다. 주로 장미류, 프리지어, 소국 등을 시중가보다 10~20% 싸게 구입할 수 있다.

✳ **과천화훼집하장**

과천 지역에 있는 대규모 식물 도소매 농원이다. 대표적으로 조은날은 실내 가든용품과 식물과 관엽, 조경 디자인을 전문으로 하는 곳이다.(02-502-6629)
- **위치** 경기도 과천시 주암동
- **문의** 02-502-6835

✳ **한국화훼남사집하장** • **위치** 경기 남부 용인시 남사면 • **문의** 031-333-5738

✳ **숲** • **위치** 전주시 완산구 중화3동에 위치한 가든 업체 • **문의** 063-237-5581

## ■ 센스 있는 식물 선물 연출법

살다 보면 주위 사람들에게 선물할 일들이 종종 생기곤 하는데, 그중에도 푸른 식물을 선물하는 것은 아주 흔한 일이다. 사무실 이전이나 오픈, 이사, 집들이는 물론이고 특이한 작은 화분을 연인들끼리 선물로 주고받는 일도 흔하다. 또한 웰빙이 중요시된 요즘에는 사무실 책상 컴퓨터 옆에 전자파를 막는 화분들을 놓고 즐기는 경우가 많다. 책상 위의 작은 화분이 얼마만큼의 효과가 있는지 정확한 계산이 가능하지는 않다. 그러나 일과 도시, 공해에 찌든 현대 사회에서 눈으로 보는 식물의 효과 또한 무시할 수는 없다. 살아 있는 식물을 보며 느끼는 감정이 곧 음이온이고, 진통제가 될 수 있는 것이다. 이렇게 좋은 의미를 지닌 선물인 만큼, 보다 센스 있게 선물하려면 선물하는 식물의 정보를 잘 알아두는 것이 좋다.

우선 재배관리법을 정확히 알아 작은 메모지에 적어 화분 한편에 꽂아둔다. 식물을 구매할 때 어떤 목적에 어떤 곳으로 보낼 것인지를 미리 말하면, 판매업체가 그곳에 적절한 화분을 권해 줄 것이다. 예를 들어 병원에 입원한 분께 선물을 할 때는 오래살 수 있는 식물을 전해서는 안 된다. 병문안에 어울리는 것은 향이 없으면서 빨리 피고 시드는 절화이다. 이것은 빨리 병원에서 퇴원하라는 의미이기 때문이다. 반면 화분에 심은 식물은 그 수명이 길기에 병원에 오래 있으라는 의미가 될 수 있다. 또한 병원에 갈 때는 절화를 선물하되 향이 진하거나 꽃가루 성분이 있는 것은 피하는 것이 좋다. 아토피나 피부염에 민감할 수 있기 때문이다.

## 선물에 도움이 되는 꽃말 정보

개나리 희망, 청초
거베라 신비, 풀 수 없는 수수께끼, 애교
고무나무 남성적
국화 청순, 정조, 평화, 절개, 고결
    백색 성실, 진실, 감사
    황색 실망, 짝사랑
    적색 나는 당신을 사랑합니다
군자란 고귀, 희망
글라디올러스 밀회, 조심, 정열적인 사랑
나리 순결
달리아 감사, 우아, 정열, 불안정, 변덕, 화려함
    백색 친절, 감사
    장미색 당신의 마음을 알게 되어 기쁩니다
    적색 당신의 사랑이 나를 행복하게 합니다
떡갈나무 독립, 용기, 붙임성 좋은, 공명정대
라넌쿨러스 화사한 매력, 매력있는 부자
라일락 우애, 연정
    백색 아름다운 인연, 맹세, 순진
    보라색 첫사랑의 감격
    적색 사랑의 싹
로즈마리 정절
맨드라미 사치, 헛된 장식
모과 조숙, 평범, 유혹, 유일한 사랑
백합 깨끗한 마음, 무구, 고귀, 위엄, 순결
벚꽃 정신의 아름다움, 절세의 미인
봉선화 경멸, 신경질, 나를 건드리지 마세요
산세베리아 관용
선인장 무장, 정열, 불타는 마음
심비디움 정
아네모네 고독, 사라져가는 희망, 비밀의 사랑
    적색 나는 당신을 사랑합니다
    자주색 나는 당신을 믿습니다

안개꽃 약속
양귀비 위로, 위안
    흰색 잠, 망각
    적색 몽상
연꽃 당신은 마음까지도 아름답다
온시디움 순박한 마음
유채꽃 쾌활
작약 수치, 수줍음
장미 아름다움, 애정, 미덕, 사랑
    적색 정절, 열렬한 사랑
    백색 사랑의 한숨
    황색 질투, 부정
    복숭아색 사랑의 맹세
    진홍색 수줍음
    흰봉우리 사랑하기에는 너무 젊다
    들장미 조촐한 사랑, 고독
    잎사귀 당신에게 바램이 있다
    가시 엄격
    한겹장미 담백
    결혼식장미 행복한 사랑
    꽃봉우리 꽃다발 사랑하기에는 너무 짧다
진달래 절제, 사랑의 희열
카네이션 여성의 애정, 어머니의 사랑, 정열
    적색 열렬한 애정
    백색 나의 사랑은 살아 있습니다
    황색 당신을 경멸합니다
    분홍색 당신을 사랑합니다
    혼합색 사랑의 거절
칼라 열혈
크로톤 요염
포인세티아 나의 마음은 타고 있습니다, 축복
프리지어 순결, 순진한 마음, 정숙
해바라기 동경, 기막힘, 믿음, 숭배, 애모, 광휘
호접란 우아한 여성, 당신을 사랑합니다

**도움 되는 사이트**

그린플로라  www.greenflora.com
난사랑  www.nan.co.kr
난꽃21  www.nancho.co.kr
난마을  www.cyberorchid.co.kr
난몰닷컴  www.nanmall.com
허비너스  www.herbinus.com
허브다섯메  www.herb5.co.kr
허브하우스  www.gyoonoh.pe.kr
인터가든  www.intergarden.co.kr
선인장연구소  www.suninjang.net
선인장 정원  www.rschoi.com.ne.kr
푸르네  www.ipurune.co.kr
다이소  www.daiso.co.kr

**참고 문헌**

한국의 화훼원예식물  윤평섭 지음  교학사
원예와 함께 하는 생활  박경서 외 지음  부민문화사
한국 꽃 예술 대사전  편집부 편찬  도서출판 이나

**Thanks to**

촬영  김덕창 실장 (Studio Da)
촬영 어시스턴트  조상철
장소 협찬  씨에스타·슈가홈